Джон Коулман

ЗА ПРЕДЕЛАМИ ЗАГОВОРА

РАЗОБЛАЧЕНИЕ НЕВИДИМОГО МИРОВОГО ПРАВИТЕЛЬСТВА

OMNIA VERITAS®

Джон Колман

Джон Коулман - британский писатель и бывший сотрудник Секретной разведывательной службы. Коулман подготовил различные аналитические материалы о Римском клубе, Фонде Джорджио Чини, Forbes Global 2000, Межрелигиозном коллоквиуме мира, Тавистокском институте, Черном дворянстве и других организациях, близких к теме Нового мирового порядка.

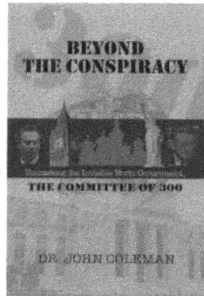

ЗА ПРЕДЕЛАМИ ЗАГОВОРА

РАЗОБЛАЧЕНИЕ НЕВИДИМОГО МИРОВОГО ПРАВИТЕЛЬСТВА

BEYOND THE CONSPIRACY
Unmasking the Invisible World Government

Переведено с английского и опубликовано компанией
Omnia Veritas Limited

© Omnia Veritas Ltd - 2022

ℰMNIA VERITAS.

www.omnia-veritas.com

Отказ от ответственности издателя

Некоторые отрывки и абзацы повторяются. Поскольку книга в основном состоит из сборника статей, мы сохранили их, будучи уверенными, что эти несколько повторений не повредят пониманию тем, которые они затрагивают.

ПРЕДИСЛОВИЕ

Надеюсь, читатель уже знаком с моей книгой *"Иерархия заговорщиков", историей Комитета 300*[1] , которая вышла четвертым изданием в январе 2007 года. Возможно, также трудно представить себе объем этой книги. Правда заключается в том, что очень немногие люди в обществе имеют адекватные средства для осмысления событий, которые кажутся недосягаемыми, оторванными от нашего непосредственного опыта и недоступными для понимания в силу ограниченности наших знаний. Поэтому мы ошибочно полагаем, что этого не может быть. Имея такой опыт, средний человек не может с уверенностью видеть необратимые изменения, почти всегда к худшему, которые происходят в других частях страны и мира, не может представить их как результат заговора, не говоря уже о том, чтобы начать понимать, что они являются частью преднамеренного плана по осуществлению заранее запланированных потрясений. Эти преднамеренные изменения не воспринимаются как таковые, потому что большинство людей так не думает. Конец непрерывности семейной жизни; потеря работы, которая была "в семье" на протяжении нескольких поколений (на автомобильном заводе, например); вынужденный переезд из любимого района, оставив друзей, церковь и все привычные и удобные вещи. Обычный человек никогда не объясняет эти потрясения и перекосы в своей жизни ничем иным, кроме как случайностью. Он просто не знает ничего лучшего и не

---

[1] *Иерархия заговорщиков, История Комитета 300*, Omnia Veritas Limited, www.omnia-veritas.com.

может представить себе, что происходящее с ним - не просто случайность.

В своей книге *"Открытый заговор"* британский писатель и агент MI6 Уэллс писал о непонимании тайных обществ "простыми людьми", как и доктор Джейкоб Масс, биограф судьи Брандейса, который заявил, что заключаются секретные соглашения, о которых очень трудно получить окончательную информацию, пока они не затеряются в архивах времени, когда люди будут в состоянии написать свои воспоминания.

На протяжении всей истории человечества часто отмечалось, что у среднестатистического мужчины в большинстве стран практически нет времени, чтобы посвятить его чему-либо, кроме как зарабатывать на жизнь, воспитывать семью и иметь работу, которая позволяет ему достичь этих целей. В результате у него практически не остается времени на политику, экономические вопросы или другие жизненно важные вопросы, такие как война и мир, которые влияют на его жизнь и жизнь нации.

Правительства знают об этом. Так же, как и высокоорганизованные группы, действующие за множеством различных подставных организаций, которые всегда имеют преимущество перед гражданами. Чего средний человек не знает - и, вероятно, никогда не узнает - так это того, что все крупные исторические события планируются втайне людьми, которые окружают себя полной конфиденциальностью. Доктор Жерар Энкоз в своей книге *"Мистерия"* от 14 апреля 1914 года сформулировал это так:

> Наряду с международной политикой каждого государства существуют определенные малоизвестные организации. Люди, участвующие в этих советах, - не профессиональные политики или блестяще одетые послы, а какие-то неизвестные, великие финансисты, которые превосходят тщеславных и эфемерных политиков, воображающих, что они управляют миром.

Члены Британской Ост-Индской компании были такой группой, чьи предки происходили от катаров, богомилов и альбигойцев, которые зародились в манихейском Вавилоне и стали контролерами не только Англии, но и всего мира. На протяжении всей истории человечества одним из общих знаменателей было стремление человека к контролю. Какую бы общественную структуру ни рассматривали, всегда найдется группа определенных людей, для которых потребность в контроле превыше всего, которые объединяются в тайные общества. Каждый, кто стремится разоблачить эти общества, тем самым подвергает себя опасности.

Это одна из причин, почему Комитету 300 удалось так успешно скрыть свое существование от широких масс американского народа, настолько, что теперь они не боятся выйти за рамки заговора в открытую. Очевидно, небольшое число исследователей считало, что должен существовать некий координирующий и контролирующий орган более высокого уровня, осуществляющий надзор и координацию деятельности агентств "местного уровня", одним из которых являются Федеральные резервные банки. Их обычно объединяли под названием "тайные общества".

Цель этой книги - выйти за рамки конспирологии и открыть двери в эти тайные общества, чтобы узнать, как и кем на самом деле управляется человечество.

* * *

Я благодарен многочисленным друзьям и сторонникам моей работы, которые так помогли мне преодолеть нападки на нее и которые были щедры в своей финансовой поддержке в трудные времена; это позволило опубликовать эту книгу, несмотря на сильное противодействие.

Эта книга - рассказ о генеральном плане "единого мирового правительства", который был раскрыт участникам неправильно названного Межконфессионального коллоквиума мира, состоявшегося в Белладжио, Италия, в 1972 году. Неправильно названный генеральный план мира был впервые реализован в Югославии, чтобы уничтожить ее как национальное государство. Именно поэтому большая часть этой книги посвящена тому, что там произошло, поскольку это была "модель" для будущих действий против суверенных государств и народов.

Ирак вполне может стать последней страной, в которую вторгнется военная сила правительства одного мира. Основываясь на уроках, извлеченных из завоевания Югославии, наблюдатели заговора считают, что план, свергнувший Милошевича, является способом, которым будут приводить к покорности будущие непокорные правительства. Таким образом, детальное изучение методологии и стратегии, использованной для уничтожения Югославии, проведенное в последние годы, является чрезвычайно важным.

Доктор Джон Коулман, сентябрь 2007 г.

Глава 1

Рост пантеистических и деистических глобалистов

Почти триста лет спустя самой важной из этих семей стали Рокфеллеры, которые владели и контролировали династию Rockefeller-Standard Oil. Именно эта сеть была использована "300" для внедрения фабианского социалистического "Нового курса" через Рузвельта и лишения американского народа его золота. Большинство из этих семей, хотя внешне исповедовали христианство, были пантеистами, гностиками, росикрусианами и деистическими мироедами. Их философия была ярко выраженной социалистической.

Это лучше всего понять, если учесть, что предки некоторых из этих семей восходят к анабаптистам и виклифским лоллардам, чья политика была явно коммунистической, хотя коммунизма как устоявшейся доктрины еще не существовало. Существует мнение, что среди них были элементы богомилов, бежавших с Балкан в Новый Свет во времена инквизиции, а также несколько потомков хазар, варварской расы индо-тюркского происхождения, живших по нижней Волге в России, пока их не изгнали московские князья во главе с князем Димитрием Донским. (*Encyclopaedia Britannica*, 1915)

Считается, что семья Рокфеллеров и семья Асторов мигрировали в Соединенные Штаты из Малой Азии, это смешение иностранных рас и культур восходит к манихеям. (*Рокфеллер-интернационалист*, Эммануил Джозефсон 1952)

Ост-Индская компания, хартия которой была дарована монархией, и ее преемник, люди Британской Ост-Индской компании, давали гранты христианским евангелистам. Рокфеллер и его соратники последовали этому примеру, пропагандируя евангельское христианство, чтобы скрыть свои истинные намерения, которые заключались в достижении политической власти в Соединенных Штатах, а затем и во всем мире, как показал старый Джон Д. Рокфеллер.

В Соединенных Штатах это был спонсируемый Британской Ост-Индской компанией христианский фундаменталист Джон Нельсон Дарби под названием "диспенсационализм", которому благоволила Китайская внутренняя миссия, а в Южной Африке, до англо-бурской войны, - Лондонское миссионерское общество, которое своим политическим вмешательством спровоцировало войну в 1899 году. Все эти христианские организации, похоже, хорошо финансировались. Квакеры создали коммуны коммунистического типа во время революционной войны и получили значительную финансовую поддержку от Уильяма Олдрича (предка Нельсона Олдрича Рокфеллера).

Члены семьи Ротшильдов были главными заговорщиками, работавшими над созданием центрального банка в Соединенных Штатах в явное нарушение Конституции США, которая запрещает создание такого учреждения. То, что мы увидели с созданием Федерального резервного банка, было консолидацией власти Комитета 300 над Америкой.

Она следовала внешней политике США, и войны, которые Америка вела в течение 19 века (включая испано-американскую войну 1898 года и нынешнюю так называемую войну с террором), преуспели в расширении контроля картеля над мировой экономикой. Без успешного создания центрального банка в США все войны, которые велись после 1912 года, было бы невозможно финансировать. Гражданская война в США велась за установление контроля над американской экономикой. Вопрос о рабстве не имел большого значения; Север мало заботился о рабстве. Многие генералы армии Союза были рабовладельцами, как и миссис Линкольн, жена Авраама Линкольна. Гражданская война, как и все войны, велась из-за экономических вопросов. Рабство было красной селедкой, а не первопричиной войны. Американцы, легко обманутые доверием к правительству, не знали истинной причины этой трагической войны.

Еще раз уточню: все войны по своему происхождению и цели являются экономическими войнами. Юг имел полное право отделиться, если бы его граждане захотели этого, из-за экономических проблем между Севером и Югом. Подразумевается, что Америка заняла свое международное положение "единственной сверхдержавы" случайно, а не по умыслу. Аргументы в пользу противоположного мнения вызывают насмешливые обвинения в том, что вы являетесь жертвой "теории заговора".

Обнадеживает то, что американцы считают, что корыстные люди и организации не способны сотрудничать в заговоре для достижения общих целей. Когда J.P. Morgan усадил за стол переговоров владельцев американских железных дорог и заключил соглашение о неконкуренции, это не было случайностью. *На самом деле это был заговор.* Ни одна из войн Америки не была несчастным случаем, и они приносили гораздо больше прибыли, чем когда-либо станет известно. В конце Второй мировой войны США конфисковали военные сокровища Германии и Японии на миллиарды долларов. Президент Трумэн принял сознательное решение не сообщать об этом общественности и не репатриировать его по окончании военных действий. Вместо этого она использовалась и используется для финансирования тайных операций.

Широко распространенное мнение о том, что ненавистные тресты были ликвидированы в первом десятилетии двадцатого века благодаря крестовому походу Теодора

Рузвельта, безусловно, безосновательно. Несомненно, Рузвельт использовал свою публичную позицию против "большого бизнеса" для получения средств на избирательную кампанию от бизнесменов, на которых он нападал. Это может объяснить, почему позже он подписал закон, отменяющий уголовное наказание для этих же бизнесменов. Это общая нить, которая проходит через "либеральных", "консервативных" и "прогрессивных" американских президентов. Франклин Д. Рузвельт хотел, чтобы его запомнили как защитника угнетенных, положившего конец Великой депрессии. Он создал национальную систему социального обеспечения, которая фактически финансируется за счет крайне регрессивного налога на ее бенефициаров. Соответствующие взносы корпораций разрешалось вычитать из налогооблагаемой прибыли в качестве коммерческих расходов, что только усиливало регрессивный характер программы, поскольку корпоративная доля финансировалась из недополученных налоговых поступлений. Рузвельт, выдающийся политик, одержал убедительную победу над программой реформ, которую он никогда не собирался осуществлять.

На самом деле, он поступил наоборот, объявив чрезвычайную ситуацию в национальной экономике, обойдя любые конституционные возражения против его власти в судах. Он быстро проигнорировал золотую оговорку в контрактах по государственным облигациям и создал в 1934 году Фонд стабилизации обменного курса (ESF)[2]; якобы для обеспечения стабильности доллара на валютных рынках, он освобожден от подотчетности Конгрессу и ответственен только перед президентом и министром финансов. Одним словом, это необъявленный фонд, который может использовать кредит федерального правительства, что является неконституционной и очень опасной практикой.

---

[2] Стабилизационный фонд биржи, Ндт.

Создание ESF было продолжением той же логики, которая привела к созданию Федеральной резервной системы в 1914 году. Последняя, Федеральная резервная система, также была создана в ответ на кризис: крах 1907 года. Легенда Уолл-стрит считает, что гений и патриотизм Дж. П. Моргана спасли нацию. В действительности, крах и последовавшая за ним депрессия позволили Моргану устранить своих конкурентов, скупить их активы и, в процессе, показать нации и всему миру, насколько могущественными были Уолл-стрит и международные банки Моргана.

Не все были благодарны, и некоторые требовали законодательных мер, чтобы поставить федеральный кредит и национальную денежную систему под общественный надзор и контроль. В ходе кампании политического мастерства Федеральная резервная система была создана в 1912 году актом Конгресса с этой целью. Но, создав его как частную корпорацию, принадлежащую банкам, Конгресс фактически уступил банкам еще более сильную позицию, чем они занимали ранее. Даже сегодня не все понимают, что Федеральная резервная система является частной корпорацией, принадлежащей тем самым интересам, которые она номинально регулирует.

Таким образом, контроль над федеральной кредитно-денежной системой США и богатый поток привилегированной информации, который из нее вытекает, скрыт от глаз общественности и контролируется тайно, что отчасти объясняет сфинксоподобный характер председателя Федеральной резервной системы. Не все понимают, что каждое из этих агентств было создано в открытую вопреки Конституции США, тем самым нагло сигнализируя, что заговор больше не нужно скрывать. Только один человек в Конгрессе признал, что Федеральная резервная система является неконституционной и, следовательно, незаконной структурой.

Конгрессмен Луис Т. Макфадден был таким человеком. Он подал иск против Федеральной резервной системы, утверждая, что она украла миллиарды долларов у американского народа, и потребовал вернуть деньги. Но Макфадден был убит до того, как его иск поступил в суд, так что из этого ничего не вышло. Другим антиконституционным действием наряду с Федеральной резервной системой является Закон о ЦРУ 1949 года, который создал бюджетный механизм, позволяющий ЦРУ тратить столько денег, сколько оно захочет, "без учета положений закона и нормативных актов, касающихся расходования правительственных средств". Короче говоря, ЦРУ имеет возможность финансировать что угодно - законное или незаконное - за барьером законов о национальной безопасности, а Конгресс стоит в стороне и позволяет этой антиконституционной организации узурпировать свои полномочия, не пошевелив и пальцем, чтобы остановить столь прискорбное нарушение Конституции США и утрату своих полномочий.

Глава 2

Торговля наркотиками

Возможно, большинству читателей покажется странной мысль о том, что между торговлей наркотиками и фондовым рынком может существовать положительная связь, но подумайте вот о чем: в конце 1990-х годов Министерство юстиции США подсчитало, что доходы от этой торговли, поступающие в банковскую систему США, составляют от 500 до 1000 миллиардов долларов в год, или более 5-10% валового внутреннего продукта (ВВП). Доходы от преступлений должны попасть в законные, т.е. легальные, каналы, иначе они не имеют ценности для их владельцев. Если также предположить, что банковская система получает 1% комиссионных за обработку, то прибыль, которую банки получают от деятельности, связанной с наркотиками, составляет порядка 5-10 миллиардов долларов.

Если к этой цифре применить текущий рыночный мультипликатор Citigroup, равный примерно 15, то рыночная капитализация составит от 65 до 115 миллиардов долларов. Поэтому легко понять, насколько важна нелегальная торговля наркотиками для индустрии финансовых услуг. Оказывается, что эта торговля незаконной прибылью сосредоточена в четырех штатах: Техасе, Нью-Йорке, Флориде и Калифорнии, или в четырех округах Федеральной резервной системы: Далласе, Нью-Йорке, Атланте и Сан-Франциско. Можем ли мы всерьез предположить, что Федеральная резервная система не знает об этом, даже если об этом знает Министерство юстиции? В конце концов, именно они управляют потоком и должны знать, откуда он идет.

Одна из причин молчания Федеральной резервной системы заключается в том, что правительственные учреждения сами участвуют в торговле наркотиками на протяжении шестидесяти лет или более, о чем я подробно рассказываю в своей книге *"Торговля наркотиками от А до Я"*. Чтобы понять, как ЦРУ и другие агентства используют "черный бюджет", необходимо знать о практике США открывать потребительский рынок наркотиков для экспортеров, чтобы преследовать стратегические цели за рубежом. Портативность наркотиков и огромный рост цен между производством и точкой продажи делают их особенно полезным источником финансирования тайных операций. Самое главное, что доходы от продажи наркотиков находятся совершенно вне обычных и конституционных каналов финансирования. Это отчасти объясняет торговлю наркотиками в зонах конфликтов по всему миру, от Колумбии до Афганистана. Например, с начала военных действий в Афганистане с участием сил НАТО культивирование мака и производство опия-сырца увеличилось с 3 000 до 6 000 тонн в год.

Однако влияние незаконного оборота наркотиков на сообщества и экономику в местах продажи мало изучено. Рассмотрим, например, влияние на рынки недвижимости и финансовые услуги. Недвижимость является привлекательным сектором для использования избыточных денежных средств, полученных от продажи наркотиков, поскольку она, как отрасль, совершенно не регулируется в отношении отмывания денег. Поскольку наличные являются приемлемым и, в некоторых местах, привычным способом оплаты, от крупных сумм можно легко избавиться без особых комментариев. Это может привести и приводит к значительному искажению местного спроса, что в свою очередь подпитывает спекуляцию недвижимостью и повышенный спрос на кредиты для ее финансирования, а также предоставляет широкие возможности для спекуляций и мошенничества.

Иранский конфликт 1980-х годов содержал все эти

элементы; хотя многие знают о продаже оружия Ирану, чтобы обеспечить наличные средства для финансирования поддерживаемых ЦРУ партизан в Никарагуа и эскадронов смерти в Сальвадоре, они меньше знают о том, что местные финансовые учреждения и продажа наркотиков в банковском секторе США позволяют использовать наличные средства, полученные от "незаконной" деятельности, и одновременно делают возможным отмывание средств. И когда банк терпит крах, акционеры, незастрахованные вкладчики и налогоплательщики оплачивают счет. Незаконный оборот наркотиков создает условия, в которых стимулы для занятия неэкономической деятельностью выше, чем стимулы для занятия экономической деятельностью. Короче говоря, прибыль от воровства выше, чем от соблюдения требований.

Власть правительства в сочетании с достижениями в области компьютерных технологий за последние четыре десятилетия упростила управление национальными - и, как следствие, международными - денежными потоками.

Победа Америки во Второй мировой войне привела к тому, что весь Запад и зависимые от него страны были объединены в Международный валютный фонд (МВФ), созданный в Бреттон-Вудсе в 1944 году. Сорок пять лет спустя, распад Советского Союза в 1989 году означал, что впервые в истории на международной арене не было другого валютного или политического выбора. Британская империя капитулировала перед американцами именно потому, что Америка предложила альтернативу стерлингу, а именно доллар.

Сегодня Соединенные Штаты возглавляют более или менее полностью закрытую глобальную валютную систему, основанную на долларе. На практике это означает, что страны системы должны обменивать реальную стоимость в виде природных ресурсов, таких как нефть и газ, промышленных товаров и сырья с картелем США в обмен на доллары, которые являются не более чем бухгалтерской записью, созданной из воздуха. Это аналогично тому, как компания, не имеющая активов, обменивает разводненные акции на наличные, и это не случайно. Это была излюбленная техника, с помощью которой династия Дж. П. Моргана в XIX веке успешно финансировала консолидацию американской промышленности и финансов.

Их наследники занимаются тем же самым, но в глобальном масштабе. И все это происходит в открытую, вне стадии заговора. Благодаря своему уникальному финансовому контролю США смогли начать дорогостоящие глобальные военные авантюры, исход которых далеко не однозначен. Это стало кульминацией более пятидесяти лет непрерывной открытой и тайной войны. Она поддерживается самым сложным финансовым аппаратом в истории, способным мобилизовать денежные средства, полученные в результате широкого спектра как открытой, так и тайной деятельности. Ценой этого стало постепенное выхолащивание самой экономики США и постепенное разрушение гражданских свобод и верховенства закона. Это также станет концом этой республики.

Все войны начинаются с придуманных ситуаций

Партия войны в целом смогла сохранить контроль над внешней политикой США благодаря своей практически непоколебимой хватке в политическом процессе. Она добилась этого благодаря владению двухпартийной системой, которая закрепила демократов и республиканцев в качестве двух единственных реальных вариантов для американских избирателей. Даже когда американский народ выступал против интервенционизма - как, например, в преддверии Второй мировой войны - провоенные элиты манипулировали политическим процессом и добивались того, чтобы избирателям были представлены два кандидата-войска вместо одного. В 1968 году, в разгар войны во Вьетнаме, тщательно срежиссированный процесс отбора делегатов исключил Юджина Маккарти из президентской номинации демократов. В президентской политике эта система дала сбой лишь однажды, в случае Джорджа Макговерна, и с тех пор работает с беспощадной эффективностью, чтобы гарантировать, что народу США *никогда не придется* голосовать *за* направление американской внешней политики.

Именно так мы вступаем в войну, несмотря на антивоенные настроения населения, и именно так мы остаемся в ней - несмотря на огромный процент американской общественности, которая говорит, что наша нынешняя оккупация Ирака не нужна. Тем не менее, есть признаки того, что власть партии войны над руководством по крайней мере одной крупной партии начинает ослабевать. Эта ломка является ответом на антивоенные настроения низов, которые заряжают энергией все большее число активистов Демократической партии - старых и новых - заставляя морально усталых лидеров выступать против оккупации Ирака или присоединиться к сенатору Джо Либерману, самому решительному стороннику войны со стороны президента. Некоторые говорят, что это потому, что Буш так уверенно поддерживает Израиль. Действительно, Либерман является большим роялистом, чем король, нападая на любую идею вывода войск как недопустимую, и даже требуя прекратить любые разговоры о выводе войск, и чтобы США напали на Иран.

Либермановское крыло демократов всегда стремилось ограничить дебаты, закрыть дискуссии, контролировать кандидатов и организационную структуру партии на уровне избирательных округов, чтобы гарантировать, что снизу не возникнет никакого вызова интервенционизму и милитаризму. Это были последние демократы Скупа Джексона, предтечи сегодняшних "неоконсерваторов", которые были более воинственными, чем многие республиканцы в эпоху холодной войны, и которые всегда настаивали на том, что политика должна остановиться у кромки воды (то есть, что внешняя политика никогда не должна обсуждаться), и что великий двухпартийный консенсус в пользу глобальной интервенции должен быть разрешен к неоспоримому продолжению, навсегда.

Обычно считается, что неоконсерваторы - исключительно республиканцы, но это игнорирует их историю как политического и идеологического течения - и биографию демократов Скупа Джексона, включая Ричарда Перла, помощника Джексона; Эллиота Абрамса, бывшего руководителя аппарата сенатора Дэниела П. Мойнихана; и "необольшевиков", таких как Бен Уоттенберг, Джошуа Муравчик и Маршалл.

Конечно, именно Трумэн создал прецедент, взяв на себя полномочия посылать войска за границу без объявления войны - подвиг, на который не решился даже Франклин Рузвельт, открыто стремившийся стать диктатором.

Поскольку Американская республика начала превращаться в империю, лидеры обеих партий сочли необходимым наделить главу исполнительной власти имперскими полномочиями, то есть правом вести войну, ни с кем не советуясь. В 1950 году, когда президент Трумэн направил американские войска в Корею, лишь несколько республиканцев выступили против этой узурпации Конституции и предупредили, что в один прекрасный день американцы пожалеют о том, что позволили этому случиться.

> "Если президент может вмешаться в Корее без одобрения Конгресса, - сказал сенатор Роберт А. Тафт, - он может начать войну в Малайзии, Индонезии, Иране или Южной Америке".

В любом случае, демократам Трумэна сейчас приходится нелегко: впервые со времен войны во Вьетнаме база партии - особенно так называемые "нет-роты" - оказывает реальное влияние. Горячая поддержка Либерманом войны вызвала оппозицию, и он столкнулся с партийными праймериз, на которых миллионер Нед Ламонт, сделавший войну главной темой кампании, уверенно набирал очки в опросах. Ламонт был выбран кандидатом от партии вместо Либермана, который затем попросил включить его в избирательный бюллетень как "независимого".

Поддержка Либерманом войны была непопулярна среди избирателей, но, очевидно, очень хорошо финансировалась и поддерживалась лобби AIPAC; он победил Ламонта и был переизбран в Сенат еще на четыре года. Как сопредседатель новой Комиссии по современной опасности, Либерман служит прикрытием для наиболее радикального крыла необольшевистского движения: ведущих поджигателей войны, таких как Джеймс Р. "Четвертая мировая война" Вулси, Кен "Cakewalk" Адельман, Фрэнк Гаффни, Мидж Дектер и многих других, которые считают, что поддержка Израиля со стороны США является самым важным вопросом в политике США. Но, конечно, "террористы" (т.е. иракские повстанцы) могут - и *уже* побеждают нас в военном отношении.

Они побеждают до тех пор, пока им удается сохранять нынешнюю патовую ситуацию. Что касается разочарования американского народа в этой войне, то оно проистекает из того, что ему лгали и завели в трясину. Недавнее осуждение "Скутера" Либби, начальника штаба вице-президента Дика Чейни, открыло зловонную банку с червями, которая показывает, насколько масштабной и распространенной была панорама лжи и обмана, которая привела США в Ирак во второй раз. Не то чтобы это имело какое-то заметное значение. Заговорщики приступили к действиям, которые разворачиваются в открытую. Короче говоря, администрация Буша и ее британские партнеры уже давно прошли стадию заговора.

Идея о том, что неосредневековье Усамы бен Ладена и Ко представляет такую же большую угрозу, как коммунизм и/или фашизм, абсурдна сама по себе: международное коммунистическое движение в период своего расцвета представляло миллионы преданных идеологов, которых, в свою очередь, поддерживал Советский Союз и его сателлиты, обладающие ядерным оружием. Практически в каждой стране планеты высокодисциплинированные агенты Кремля вели агитацию и вербовку в своих целях, поднимаясь по призыву Москвы и оставаясь незаметными, когда требовалась осторожность.

Исламистские революционеры, с другой стороны, не могут претендовать на такие преимущества: они нигде не обладают государственной властью, а их сторонники в основном ограничены Ближним Востоком и Северной Африкой, с небольшими форпостами поддержки в Афганистане и Южной Азии. Более того, эта фантазия о "новой империи зла" в виде глобального исламистского "халифата" - не очень убедительный гопник. Помимо бесполезности объединения во многом дисфункционального сообщества арабо-мусульманских стран - что привело бы только к дисфункции в гораздо большем масштабе - этот так называемый "халифат" не угрожал бы никому на Западе. Израиль - который, когда я в последний раз смотрел на карту, не находится на Западе - будет единственным потенциальным проигравшим.

Что касается сравнения с фашизмом и национал-социализмом: нацистская Германия в период своего расцвета обладала самой мощной военной машиной на планете. Гитлер был хозяином Европы, его армии шли на Москву, окружили остатки сопротивления немецкой гегемонии, захватив Северную Африку, и готовились напасть на британцев.

Где сопоставимая сила в мусульманском мире? Буш и Чейни живут в эпизоде исторической фантастики, в которой они - герои правды, осмелившиеся плыть против течения мнений в своей собственной партии. Они сражаются во имя борьбы за "демократию" против "пацифистов" современной эпохи, которые, как утверждается, враждебно относятся к войне, потому что тайно (или не очень тайно) выступают на стороне врага.

По словам Либермана, если демократы выступят против этой бесполезной войны, развязанной на основе лжи, то террористы победят, потому что мы позволим им "разделить нас и победить нас политически". Если вы против войны, вы за Аль-Каиду. Это послание Либермана, который так же последователен в этом вопросе, как и Джордж Буш, даже если он немного более яростен".

Мнение Буша-Чейни о том, что мы участвуем в этой эпической битве - подобной борьбе с гитлеризмом и сталинизмом - не разделяет абсолютно никто, кто хоть что-то знает об Аль-Каиде или Ближнем Востоке и обладает хоть унцией здравого смысла. И коммунизм, и фашизм были массовыми движениями, которые захватили власть в нескольких странах и были способны осуществить обычное военное нападение на Соединенные Штаты.

Радикальные исламисты, объявившие войну Америке, представляют собой численно слабый авангард глобального повстанческого движения, способного - на данный момент - вести мелкомасштабную партизанскую войну. Коммунизм был универсальной верой: привлекательность коммунизма и фашизма была гораздо выше, чем у Аль-Каиды, которая может надеяться только на вербовку наиболее отчужденных и наиболее способных к объединению в свои ряды. Лишь немногие, кто еще не является ревностным мусульманином, перейдут в радикальный ислам.

Глава 3

Техника государственного переворота

Давайте обсудим информацию о переворотах, которая поможет нам понять, что происходит сегодня. От Украины до Ливана и Кыргызстана иконография революции всегда одна и та же. Действительно, многие агенты, ответственные за смену режима при Рональде Рейгане и Джордже Буше-старшем, охотно занимались своим ремеслом в бывшем советском блоке при Билле Клинтоне и Джордже Буше-младшем. Например, генерал Мануэль Норьега сообщает в своих мемуарах, что двумя агентами ЦРУ и Госдепартамента, которые были посланы для переговоров и последующей организации его падения от власти в Панаме в 1989 году, были Уильям Уокер и Майкл Козак.

Уокер вновь появился в Косово в январе 1999 года, когда, будучи главой Косовской миссии по проверке, он руководил искусственным созданием фиктивного злодеяния, которое оказалось *casus belli* косовской войны, а Майкл Козак стал послом США в Беларуси, где в 2001 году он организовал операцию "Белый аист", чтобы свергнуть действующего президента Александра Лукашенко. В 2001 году в обмене письмами с *The Guardian* Козак нагло признался, что он делает в Беларуси то же самое, что делал в Никарагуа и Панаме, а именно "продвигает демократию". Современная техника государственного переворота состоит, по сути, из трех компонентов. К ним относятся:

➢ Неправительственные организации

➢ Контроль над средствами массовой информации

➢   Секретные агенты

Поскольку их деятельность фактически взаимозаменяема, я не буду рассматривать их отдельно.

Сербия 2000 - "Сила народа".

Свержение Слободана Милошевича, очевидно, было не первым случаем, когда Запад использовал тайное влияние, чтобы добиться "смены режима". Свержение Сали Бериши в Албании в 1997 году и Владимира Мечиара в Словакии в 1998 году произошло под сильным влиянием Запада, а в случае с Беришей чрезвычайно жестокое восстание было представлено как долгожданный и спонтанный пример народной власти. Это был классический пример того, как международное сообщество, и в частности Организация по безопасности и сотрудничеству в Европе (ОБСЕ), фальсифицирует результаты наблюдения за выборами, чтобы обеспечить политические перемены. Однако свержение Слободана Милошевича в Белграде 5 октября 2000 года является значимым, потому что это очень известная фигура и потому что "революция", которая его свергла, включала в себя очень показную демонстрацию так называемой "народной власти".

Предыстория переворота против Милошевича была блестяще описана британским телеканалом Sky TV. Этот рассказ ценен тем, что он восхваляет описанные события; он также интересен тем, что может похвастаться обширными контактами с секретными службами, особенно британскими и американскими. Здесь представлена часть программы:

В каждом случае журналист, похоже, знает, кто является ключевыми игроками разведки. Его рассказ изобилует ссылками на "офицера МИ-6 в Приштине", "источники в югославской военной разведке", "человека из ЦРУ, который помогал организовать переворот", "офицера американской военно-морской разведки" и так далее. Журналист ссылается на секретные отчеты о наблюдении сербской тайной полиции; он знает, кто является сотрудником Министерства обороны в Лондоне, который разрабатывает стратегию избавления от Милошевича; он знает, что офис министра иностранных дел Великобритании в Приштине разрабатывает стратегию избавления от Милошевича.

Он знает, кто такие офицеры российской разведки, сопровождающие Евгения Примакова, премьер-министра России, в Белград во время бомбардировок НАТО; он знает, какие комнаты прослушиваются в британском посольстве и где находятся югославские шпионы, прослушивающие разговоры дипломатов; он знает, что сотрудник комитета по международным отношениям Палаты представителей США на самом деле является офицером военно-морской разведки США. Он описывает, как ЦРУ физически сопровождало делегацию Армии освобождения Косова (ОАК) из Косова в Париж на предвоенные переговоры в Рамбуйе, где НАТО предъявило Югославии ультиматум, который, как она знала, она могла только отвергнуть; и он упоминает "британского журналиста", действовавшего в качестве посредника между Лондоном и Белградом на секретных переговорах на высшем уровне, имевших жизненно важное значение, когда люди пытались предать друг друга по мере того, как власть Милошевича рушилась.

Одна из тем, которая невольно проходит через весь отчет, - это тонкая грань между журналистами и шпионами. С самого начала он вскользь упоминает о "неизбежных связях между офицерами, журналистами и политиками", утверждая, что люди всех трех категорий "работают в одном поле".

Журналист продолжает шутить, что "именно сочетание "шпионов", "журналистов" и "политиков", добавленных к "народу", привело к свержению Слобадана Милошевича". Он поддается на миф о том, что "народ" был вовлечен, но остальная часть его доклада показывает, что на самом деле свержение югославского президента произошло только из-за намеренно разработанных в Лондоне и Вашингтоне политических стратегий, чтобы избавиться от него." Короче говоря, это не имеет ничего общего с "народной властью".

Прежде всего, журналист дает понять, что в 1998 году Госдепартамент и спецслужбы США решили использовать Армию освобождения Косово, чтобы избавиться от Слободана Милошевича. Он цитирует слова источника: "Американская повестка дня была ясна. В нужное время они собирались использовать ОАК для решения политической проблемы" - "проблемой" было политическое выживание Милошевича. Это означало поддержку террористического сепаратизма ОАК, а затем ведение вместе с ней войны против Югославии. Журналист приводит слова Марка Кирка, офицера военно-морской разведки США: "В конце концов, мы начали масштабную операцию против Милошевича, как тайную, так и открытую".

Тайная часть операции заключалась не только в том, что различные миссии наблюдателей, направленные в Косово, были заполнены британскими и американскими офицерами разведки, но и - что крайне важно - в предоставлении военной, технической, финансовой, логистической и политической поддержки ОАК, которая, как он сам признает, "занималась контрабандой наркотиков, организовывала проституционный рэкет и убивала мирных жителей". Одним словом, ОАК была группой головорезов и убийц.

Стратегия началась в конце 1998 года, когда "огромная миссия ЦРУ (отправилась) в Косово". Президент Милошевич разрешил миссии дипломатических наблюдателей въехать в Косово для мониторинга ситуации в крае. Это была роковая ошибка.

Эта специальная группа была немедленно дополнена офицерами британской и американской разведок и спецназа - людьми из ЦРУ, военно-морской разведки США, британской SAS и так называемого "14 Regiment", подразделения британской армии, которое действует вместе с SAS для обеспечения так называемого "глубокого наблюдения".

Непосредственной целью этой операции была "разведывательная подготовка поля боя" - современная версия того, что делал герцог Веллингтон, прочесывая поле боя, чтобы получить представление о местности перед вступлением в бой с противником. Блюхер считал, что это пустая трата времени, но оказалось, что он ошибался. Итак, как он говорит: Официально KDOM управлялся Организацией по безопасности и сотрудничеству в Европе... неофициально им управляло ЦРУ..... Организация была полна ими... Это было прикрытие ЦРУ.

У американцев должно быть много вопросов по этому поводу. Была ли тайная операция одобрена Конгрессом, и если да, то на каком основании? Если он был одобрен, то противоречит Конституции США и не должен был финансироваться.

Многие из этих офицеров на самом деле работали на другое прикрытие ЦРУ - DynCorp, базирующуюся в Вирджинии компанию, в которой работают в основном "члены элитных военных подразделений США или ЦРУ". Они использовали KDOM, которая позже стала Миссией по проверке в Косово, в целях шпионажа. Вместо того, чтобы выполнять поставленные задачи по наблюдению, офицеры отправились использовать свои устройства глобального позиционирования для обнаружения и идентификации целей, которые затем будут разбомблены НАТО. Трудно понять, как югославы позволили 2000 высококвалифицированных агентов секретных служб разгуливать по своей территории, тем более что Милошевич прекрасно знал, что происходит. (Конец цитаты)

Главой Миссии по проверке в Косово (KVM) был Уильям Уокер, человек, посланный отстранить от власти Мануэля Норьегу в Панаме, и бывший посол в Сальвадоре, чье поддерживаемое США правительство управляло эскадронами смерти. Уолкер "обнаружил" "резню в Рачаке" в январе 1999 года, это событие послужило предлогом для начала процесса, что заставило министра иностранных дел Германии Йошку Фишера назвать "Рачак поворотным пунктом". Никто из этих людей не пользовался большим доверием в то время, и еще меньшим - сегодня, когда их действия сопоставляются с тем, что произошло с тех пор.

Как бы подчеркивая важность рассказа Уокера, судьи Гаагского трибунала дали ему почти два дня для дачи показаний. Его "показания" *должны были* стать основным моментом предполагаемой роли Милошевича в так называемой резне в Рачаке, которая подготовила почву для бомбардировок Югославии силами НАТО. Напротив, когда Милошевич спросил, как долго он должен допрашивать свидетеля, судья Мэй ответил: *"Три часа, не больше: если вы воздержитесь от споров со свидетелем, если вы воздержитесь от повторения вопроса, если вы будете задавать короткие вопросы, вы сможете получить больше результатов"*. Несмотря на это безобразное проявление очевидной предвзятости со стороны Мэй, которое при любых других обстоятельствах привело бы к ее удалению со скамьи подсудимых, все пошло не совсем так, как планировала прокурор Карла дель Понте.

Уильям Уокер был главой Миссии по проверке в Косово (KVM), созданной под контролем ОБСЕ после соглашения между Милошевичем и посланником США Ричардом Холбруком 13 октября 1998 года. До выступления в Гааге два инспектора по вооружениям Уокера дали показания о событиях в Косово до бомбардировок НАТО - его заместитель, генерал Кароль Дрюенкевич, и полковник Ричард Циаглински. Они также дали показания о предполагаемом массовом убийстве в Рачаке. Каким было дело против Милошевича?

15 января 1999 года сотрудники сербской полиции и армии в сопровождении инспекторов КВМ и представителей СМИ провели операцию против вооруженных людей из Освободительной армии Косова (ОАК), которые, по их мнению, скрывались в Рачаке, устроив засаду и убив трех

полицейских. Армия направила бронетранспортеры и артиллерию в Рачак, Петрово, Малопольце и Ренажу. Два дня спустя, после интенсивных боев между югославскими силами и ОАК, Дрюенкевич и Уолкер посетили этот район. Дрюенкевич рассказал, как по дороге: *"Уолкер дал мне понять, что я должен занять крайне бескомпромиссную позицию в этом вопросе.* По прибытии ОАК отвела их в овраг, где находилось 45 трупов. Во время этого "осмотра" не присутствовал ни один представитель правительства Сербии.

Как только тела были обнаружены, Дрюенкевич рассказал суду, что *"помощник Уокера побежал на вершину холма, чтобы позвонить в НАТО".* Вечером на пресс-конференции Уокер объявил, что произошло массовое убийство (не упомянув о гибели трех полицейских). Незадолго до объявления, по словам Дрюенкевича, он слышал, как Уокер сказал Ричарду Холлбруку по телефону: *"Дик, можешь поцеловать свою Нобелевскую премию мира на прощание".* Дрюенкевич добавил: *"В то время я был удивлен, что он так конкретно назвал это событие резней. Однако я согласен с тем, что он сказал.*

Уолкер признал, что Дрюенкевич сообщил ему за 14 часов до этого - в ночь на 15 января - о боях в этом районе между ОАК и армией, и что три полицейских были убиты в этом районе три или четыре дня назад. Он также знал о сообщениях полиции от 15 января о том, что в Рачаке были убиты 15 боевиков ОАК, но на пресс-конференции он сказал, что не верит в это. В фильме также показано, как он ходит среди трупов в форме ОАК.

Уолкер провел свою пресс-конференцию 16 января, не упомянув ни погибшего полицейского, ни ОАК и заявив, что все тела были гражданскими лицами. Его пресс-релиз, по его словам, был "полностью моим творением". (Страница 6805)

Уолкер признался, что он "не следователь на месте преступления" (стр. 6801), и когда 17 января приехала одна из них - судья Даника Маринкови - он отказался с ней встретиться. Во время дачи показаний он сказал, что не помнит, чтобы Холлбрук или командующий НАТО генерал Уэсли Кларк разговаривали с ним - *"Не помню, чтобы я разговаривал с некоторыми из тех людей, которые позже сказали, что разговаривали со мной"*.

Однако Уэсли Кларк помнит разговор с Уокером. В своей книге Кларк описывает телефонный звонок от Уокера 16 января: *"Уэс, у нас тут проблемы*, - начал он.

> "Я узнаю резню, когда вижу ее. Я видел их раньше, когда был в Центральной Америке. И я вижу бойню... В канаве сорок человек, может, больше. Они не бойцы, они фермеры, это видно по их рукам и одежде. И они были застрелены с близкого расстояния".

Рассказ Уокера был опровергнут выводами финской группы криминалистов, вызванной для расследования инцидента. Группа в первую очередь критиковала тот факт, что при поспешном описании инцидента в Рачаке как массового убийства не были проведены основные процедуры на месте преступления. Через три дня после происшествия финская команда криминалистов сообщила, что место происшествия ни разу не было изолировано для предотвращения несанкционированного доступа. В отчете говорится:

> Безопасность и сотрудничество в Европе (ОБСЕ) и Европейский Союз или пресса.

> Другие результаты показывают, что только одна погибшая жертва была женщиной. Одна жертва была в возрасте до 15 лет. Шестеро получили огнестрельные ранения. Большинство из 44 имели множественные раны, нанесенные под разными углами и на разных высотах, что характерно для перестрелки, а не для расстрела с близкого расстояния. Только один из них был застрелен с близкого расстояния, и не было никаких признаков посмертного увечья. Команда не смогла подтвердить, что жертвы были из Рачака.

Сравните отношение Уокера к Рачаку с его отношением к убийству шести священников-иезуитов в Сальвадоре или убийству подростков в Пече силами ОАК. В Сальвадоре Уокер пытался свалить вину за убийство иезуитов на партизан, переодетых в солдат. Он рассказал об этом МТБЮ:

"Оглядываясь назад, я сделал неточное заявление.

Когда ОАК обвинили в убийстве сербских подростков в Пече, он сказал:

"Когда вы не знаете, что произошло, сказать гораздо сложнее... По сей день мы не знаем, кто совершил этот акт.

Он не проявил такой же осторожности по отношению к Рачаку.

Когда Милошевич попытался сослаться на события в Сальвадоре, судья Мэй вмешался, сказав: *"Ваша попытка дискредитировать этого свидетеля событиями столь давней давности, что Судебная палата сочла их неуместными"*. И позже: *"Это абсурдный вопрос, абсолютно абсурдный. Теперь вы тратите время всех"*. Присяжные могут сделать свои собственные выводы из отношения Мейса к тому, был ли он пригоден для судейства по соответствующим вопросам.

Милошевич обратил внимание на тот факт, что Уокер находился в одном аэропорту Иллопанго с подполковником Оливером Нортом, который поставлял оружие Контрас, в то время как Уокер должен был оказывать им гуманитарную помощь. Уокер объяснил это следующим образом

"Неизвестно для меня, неизвестно для Госдепартамента, неизвестно для всего мира, полковник Оливер Норт в Совете национальной безопасности делал вещи, которые в конечном итоге были признаны незаконными судьей Уолшем и его комиссией. "

Милошевич продолжал пытаться дискредитировать рассказ Уокера и его интерпретацию событий в Рачаке.

Он спросил Уокера:

Поскольку мы говорим о Рачаке, в своем заявлении вы говорите следующее: "Глядя на эти тела, я заметил несколько вещей. Прежде всего, судя по ранам и крови вокруг них, а также по лужам засохшей крови на земле вокруг тел, было очевидно, что это была одежда, в которой люди были убиты. У меня не было сомнений, что они умерли там, где лежали. Количество и расположение крови на земле перед ними, каждым из них, было явным тому подтверждением.

Милошевич попросил показать серию фотографий тел в правильном порядке и попросил :

Где эта кровь находится рядом с телами или отдельными телами? Где вы видели следы крови?

Так начался следующий обмен мнениями:

Уолкер: *"На этой фотографии?*

Милошевич: *"Есть ли здесь кровь, где-нибудь? "*

Уолкер: *"Думаю, это кровь. "*

Милошевич: *"Вы говорите о лужах крови на земле, а на земле вообще нет крови.*

Уолкер: *"Не на этой фотографии. "*

Милошевич: *"На предыдущей фотографии тоже нет. Есть ли здесь на земле кровь, следы крови, лужи крови? "*

Уолкер: *"Не на этой фотографии. "*

Милошевич: *"Даже не здесь, на земле нет крови, и мы видим, что вокруг лежат камни.*

Некоторые из фотографий, использованных на суде, были сделаны одним из наблюдателей Уокера в КВМ, инспектором лондонской городской полиции Яном Робертом Хендри, который недавно дал показания на суде о своей поездке на "место резни".

На вопрос Милошевича, посещал ли он это место в сопровождении или один, Хендри ответил, что кто-то показал ему все вокруг. Его спросили, кто, и он ответил: "Я *не знаю*. Хендри не смог объяснить, почему на его фотографиях видны только пятна крови, а не лужи. В своих предыдущих показаниях главный судмедэксперт МТБЮ Эрик Баккар признал, что неподвижность и положение тел были необычными и что их могли перемещать. Что касается огнестрельных ранений, он сказал, что невозможно сказать, были ли они получены в результате "несчастного случая, убийства или вооруженного конфликта".

В одном из случаев Милошевич спросил Уокера, знает ли он канадского историка Роли Кейта, который 30 лет проработал в НАТО и был лидером КВМ в Косовом Поле. Уокер ответил отрицательно и тем самым признал, что не помнит своего собственного руководителя КВМ в Косово.

Причина избирательной памяти Уокера стала известна, когда Милошевич привел цитату из Кита, которая противоречила показаниям Уокера о ситуации в Косово. Кит сказал:

> "Я могу засвидетельствовать, что в феврале и марте геноцида не было. Что касается этнической чистки, то я не присутствовал и не видел никаких событий, которые можно было бы назвать этнической чисткой. Что касается моего предыдущего ответа, я хотел бы пояснить, что я был свидетелем ряда инцидентов, и большинство из них были вызваны ОАК, на которые реагировали силы безопасности при поддержке армии. "

Глава 4

Предвзятый суд

Молчание и уклончивость Уокера в отношении деятельности ОАК были вновь подчеркнуты, когда Милошевич спросил его, читал ли он статью в *Sunday Times* от 12 марта 2000 года под названием "ЦРУ помогало Косовской партизанской армии". Уолкер ответил отрицательно. В статье рассказывалось о том, как сотрудники американской разведки помогали обучать ОАК до начала бомбардировок Югославии силами НАТО. ЦРУ следило за прекращением огня в Косово в 1998 и 1999 годах, одновременно предоставляя ОАК учебные пособия и консультации на местах.

В статье также ставится под сомнение роль Уокера в подготовке почвы для воздушных ударов НАТО. "Повестка дня США состояла в том, что их дипломатические наблюдатели, они же ЦРУ, действовали в совершенно иных условиях, чем остальная Европа и ОБСЕ, сказал один из европейских посланников." Хотя Уокер отверг утверждения о том, что он хотел нанести авиаудары, он признал, что ЦРУ участвовало в отсчете времени. Уолкер сказал:

> "За одну ночь мы превратились из горстки людей в 130 и более. Могло ли агентство привлечь их в тот момент? Конечно, они могли бы. Это их работа. Но мне никто не сказал. "

Хотя нет никаких доказательств того, что Уокер был агентом ЦРУ, его роль во многом не была похожа на modus operandi ЦРУ. Далее в статье говорится, что, согласно бывшим источникам ЦРУ, дипломатические наблюдатели были "прикрытием ЦРУ, которое собирало разведданные об оружии и лидерах ОАК". Один из агентов сказал: "Я бы сказал им, какой холм нужно обойти, за каким лесом идти, и все в таком духе". Клорин Красники, строитель из Нью-Йорка и один из лидеров ОАК, сказал:

"Это была просто албанская диаспора, помогающая своим братьям".

В статье описывается, как ОАК обошла лазейку, позволявшую экспортировать снайперские винтовки в охотничьи клубы. Агим Чеку, командир ОАК, завел много контактов на последних этапах войны благодаря своей работе в хорватской армии. Он заявил, что хорватская армия получила помощь от американской компании Military Professional Resources Inc, персонал которой в то время находился в Косово. Показания Уокера стали очередным провалом для Гаагского трибунала. Слишком много информации просочилось об истинной череде событий, которые привели к бомбардировке Сербии в 1999 году. Вопрос о том, было ли массовое убийство в Рачаке, потребует дальнейшего изучения, хотя имеется достаточно доказательств, чтобы заставить любого объективного наблюдателя принять осторожное решение. Несомненно то, что Уокер сыграл центральную роль в предоставлении НАТО обоснования для бомбардировок Югославии.

Как однажды написал Якоб де Хаас, биограф судьи Верховного суда США Брандейса:

"Однако правительственные переговоры по сделкам такого рода всегда являются секретными, и обычно очень трудно получить убедительные доказательства в момент заключения сделки. Когда событие непоправимо и теряется в тумане прошлого, люди склонны писать мемуары и хвастаться тайными подвигами, которые когда-то потрясли мир. "

Мы знаем, что, несмотря на то, что Мэй и Карла дель Понте бросили против него кости, Милошевич так энергично защищался, что, по мнению многих наблюдателей, у трибунала создалось впечатление, что он был предвзят к нему, не оставив ему практически никаких шансов опровергнуть выдвинутые против него обвинения. Затем, очень загадочно, при обстоятельствах, которые кажутся весьма подозрительными, Милошевич был найден мертвым в своей камере, предположительно от естественных причин.

Но серьезные сомнения относительно причины его смерти были высказаны его врачом и семьей. Несмотря на решительные протесты его семьи, вердикт о смерти от естественных причин был оставлен в силе.

Козак и Уокер поощряют революции

Что бы ни происходило в результате свержения избранных правительств Панамы в 1989 году, Сербии в 2000 году, Беларуси в 2001 году, Венесуэлы в 2003 году, Грузии в 2003 году, Украины в 2004 году, Кыргызстана в 2005 году и Ливана в 2007 году (продолжается), связующим звеном всегда является утверждение США о том, что основополагающим принципом является "распространение демократии". Я провел исследование всех вышеперечисленных "революций", и результаты были опубликованы в моей серии монографий, начиная с незаконной передачи канала США в Панаме и свержения генерала Мануэля Норьеги.

Основная тактика, отработанная в Панаме, была применена на практике в Латинской Америке в 1970-х и 1980-х годах при президентстве Рейгана и Джорджа Герберта Уокера Буша. Не имеет значения, что эти два президента США утверждали, что они "консерваторы". Хотя это не было сделано под лозунгом "распространения демократии", который позже был заменен на "смену режима", я ссылаюсь на него здесь, чтобы показать, что сговор между Великобританией и Соединенными Штатами является неотъемлемой частью планов по продвижению Нового мирового порядка. Нападение Великобритании на Фолклендские острова, спровоцированное и направленное Тэтчер, стало возможным в значительной степени благодаря

Рейгану, который нарушил доктрину Монро и оказал материальную помощь британским силам вторжения, опять же в полном нарушении Конституции США.

Для успешного осуществления такого стратегического саботажа гражданской инфраструктуры политического режима необходимо, чтобы на местах была основная группа подготовленных людей для выполнения плана. Стало очевидным, что многие агенты по смене режима при Рональде Рейгане и Джордже Буше-старшем, будь то сотрудники ЦРУ, Госдепартамента или СМИ, получили опыт работы в бывшем советском блоке во время президентства Клинтона и Джорджа Буша-младшего. Генерал Мануэль Норьега подтверждает это в своих мемуарах, говоря, что двумя агентами ЦРУ и Госдепартамента, которые были посланы в Панаму, чтобы добиться его падения от власти в 1989 году, были Уильям Уокер и Майкл Козак. Мы уже встречались с Уильямом Уокером в Гондурасе и Сальвадоре, а совсем недавно - в Косово в январе 1999 года, когда Клинтон назначил его главой миссии по проверке в Косово.

Козак был назначен послом США в Беларуси и в нарушение всех дипломатических правил использовал посольский комплекс в качестве базы для разжигания *операции "Белый аист"* в 2001 году с целью свержения действующего президента Александра Лукашенко. Это было отголоском операции, проведенной против доктора Хенрика Вервурда из Южно-Африканской Республики, где свержением руководило посольство США в Претории, откуда вся помощь, комфорт и огромные финансовые средства были предоставлены коммунистическому Африканскому национальному конгрессу (АНК) под предлогом установления "демократии" в Южной Африке. Лозунг "Один человек - один голос", вероятно, был делом рук Тавистокского института. Козак открыто сговорился об этом, когда в 2001 году написал в *Guardian*, признав, что то, что он делал в Беларуси, было именно тем, что он делал в Никарагуа и Панаме, а именно "продвижением демократии".

Этот эвфемизм использовался для прикрытия переворота против стран, не имеющих печати одобрения Нового мирового порядка.

Джереми Бентам, один из инициаторов и планировщиков Французской революции (ранний пример "внедрения демократии" во Франции), был одним из первых, кто назвал свержение избранного правительства Франции "народным движением".

Другие элементы, необходимые для успешного переворота, включают умные лозунги, неправительственные органы, общества и организации ("Liberté, égalité, fraternité") ("Один человек - один голос"), тайных агентов на местах и контроль над публичностью со стороны СМИ.

Операции в Панаме, Латинской Америке и странах бывшего советского блока выходили за рамки конспирологических предприятий Нового мирового порядка. Как мы видели в Панаме, Беларуси и Сербии, они даже рекламировались как таковые. В случае Сербии СМИ широко освещали, что "революция" была проявлением "силы народа". Это утверждение неоднократно повторялось во время "оранжевой революции" в Украине. Сербия получила выгоду от управления и сотрудничества так называемых "нейтральных" стран, в частности Швеции.

Следует напомнить, что Швеция сыграла огромную роль в возвращении Ленина и Троцкого в Россию и в финансировании большевистской революции, которая была одной из первых революций, якобы исходящих от "народной власти". Это включало, как в случае с АНК в Южной Африке, предоставление крупных денежных сумм, а также технической, логистической и стратегической поддержки, включая оружие, различным группам "демократической оппозиции" и "неправительственным организациям". В сербской операции Уокер и его помощники работали в основном через Международный республиканский институт, якобы частную неправительственную организацию из Вашингтона, которая открыла свои офисы в соседней Венгрии.

Деньги и все остальное необходимое ввозилось в Сербию с помощью дипломатических мешков (серьезное нарушение дипломатического протокола). Притворство нейтралитета, как в случае со Швецией, которая является лишь одним из примеров, которые я привожу, поддерживалось за счет неучастия в незаконной и преступной войне НАТО против Сербии, что позволило ей сохранить полноценное посольство в Белграде на надуманном основании нейтралитета.

Я считаю, что участие НАТО в войне против Сербии нарушило следующие конвенции и что поэтому, согласно одной или всем этим конвенциям, оно виновно в военных преступлениях:

> Нюрнбергские протоколы

> Четыре Женевские конвенции

> Устав Организации Объединенных Наций

> Конвенция Европейского Союза

> Гаагские правила, регулирующие воздушные бомбардировки

Сербия - единственная европейская страна, подвергшаяся бомбардировкам после окончания Второй мировой войны, причем сотни тонн бомб были сброшены в основном на гражданские объекты. На сегодняшний день виновники этого военного преступления, а именно президент Клинтон, генерал Уэсли Кларк, Маделин Олбрайт, генералы НАТО, президент Совета Европейского Союза и генеральный секретарь Организации Объединенных Наций, еще не были обвинены в военных преступлениях. В случае с американцами, кроме того, они грубо нарушили Конституцию США в пяти ее положениях (высший закон страны) и, в соответствии с положениями Конституции США, должны были быть отстранены от должности, подвергнуты импичменту и суду за государственную измену. Медиабаинг - один из главных ингредиентов успешного переворота. Предположительно "независимые" СМИ, такие как радиостанция B92, в основном финансировались американскими организациями, контролируемыми и финансируемыми Джорджем Соросом, который позже сыграл решающую роль в Украине и Грузии. Так называемые "демократы", которых постоянно изображают таковыми шакалы американской и британской прессы, были иностранными агентами, как справедливо заявил Милошевич. Политический переворот, в результате которого Милошевич потерпел поражение, начался сразу после первого тура президентских выборов. То, что на западных телеэкранах преподносилось как "стихийное восстание народа", представляло собой тщательно отобранную группу крайне жестоких преступников и вооруженных головорезов под командованием Велимира Илича, мэра города Чачак.

40-километровая колонна, направлявшаяся к зданию федерального парламента в Белграде, состояла не из граждан, стремящихся к демократии, а из бандитов, крикунов, военизированных подразделений "Черной поры" и команды по кик-боксингу. Дело в том, что 5 октября 2000 года виртуальный переворот был тщательно скрыт под фальшивым фасадом революции народной власти и представлен миру в таком виде наблюдательными СМИ.

Следующей страной, ощутившей влажное дыхание "народной демократии", стала Грузия. Навыки, полученные и отточенные в Панаме, Гондурасе, Гватемале и Сербии, которые сегодня являются стандартной тактикой переворота, были применены в Грузии в ноябре 2003 года для свержения президента Эдуарда Шеварднадзе. Одни и те же ложные или искаженные обвинения делались и повторялись снова и снова по методу повторения "большой лжи", усовершенствованному Йозефом Геббельсом. Заинтересованные американские СМИ, не удосужившись проверить факты, опубликовали утверждения о том, что выборы были сфальсифицированы, хотя, что удивительно, эти утверждения были сделаны задолго до самих выборов. Против Шеварднадзе была развязана словесная война после того, как его долгое время боготворили как великого реформатора и демократа. Как и в случае с Белградом, события начинаются после "штурма парламента", который послушно транслируется по телевидению в прямом эфире.

Оба случая передачи власти были согласованы российским министром Игорем Ивановым, который посетил Белград и Тбилиси, чтобы организовать уход действующего президента. Роль Иванова, похоже, была ролью Иуды (тем более что он был хорошо знаком с Шеварднадзе и Милошевичем из Сербии). Возможно, это были старые счеты с Шеварднадзе? Еще одним общим знаменателем между Белградом и Тбилиси был американский посол Ричард Майлз.

В Грузии, как и в Сербии, ключевую роль сыграли тайные гражданские операции, поддержанные огромными суммами долларов США. В обоих случаях невозможно было узнать подробности до того, как эта жизненно важная информация была опубликована спустя долгое время после событий - поэтому она была бесполезна для противодействия огромной антишеварднадзевской пропаганде о "народной силе", которая проявляется в оппозиции Шеварднадзе. Как обычно бывает в таких случаях, медиа-шакалы старательно опускали из печатных и телевизионных материалов каждый инцидент, каждый клочок информации, который поддерживал Шеварднадзе. В случае с Украиной мы видим ту же комбинацию работы поддерживаемых Западом неправительственных организаций, СМИ и спецслужб. Неправительственные организации (НПО) сыграли огромную роль в делегитимизации выборов *еще до их проведения*. Обвинения в широкомасштабном мошенничестве постоянно повторялись. Другими словами, уличные протесты, вспыхнувшие после второго тура, в котором победил Янукович, были основаны на обвинениях, которые *уже* циркулировали *до начала первого тура*. Главная неправительственная организация, стоящая за этими обвинениями, Комитет украинских избирателей, не получила ни цента от украинских избирателей, но была полностью профинансирована Соединенными Штатами. Национальный демократический институт, один из его основных филиалов, распространял постоянный поток пропаганды против Януковича.

Во время самих событий нейтральный испанский наблюдатель смог зафиксировать некоторые злоупотребления пропаганды. Среди них - бесконечное повторение предполагаемых фальсификаций выборов правительством; постоянное сокрытие фальсификаций оппозицией; бешеная продажа Виктора Ющенко, одного из самых скучных мужчин в мире, харизматичного, как египетская мумия; и смехотворно неправдоподобная история о том, что он был намеренно отравлен своими врагами. (По этому причудливому делу никогда не было ни арестов, ни обвинений).

Интересная статья Си Джей Чиверса в *"Нью-Йорк Таймс"* указывает на то, что под наблюдением американских элементов украинский КГБ работал на Ющенко в течение нескольких месяцев до того, как произошло так называемое "народное восстание". Появились подробности того, как военная доктрина была адаптирована для осуществления политических изменений (уже после факта), и что использовались подделанные "опросы общественного мнения". Методология промывания мозгов и использования *"внутреннего направленного состояния"* соответствовала методологии Тавистокского института человеческих отношений.

В предыдущих историях мы видели реализацию *"дипломатии обмана"* Нового Мирового Порядка[3] в ее

---

[3] См. "Дипломатия путем лжи", рассказ о предательстве правительств Англии и Соединенных Штатов, Omnia Veritas Ltd, www.omnia-veritas.com.

конспиративной фазе.

Многое из того, что я написал, во многих случаях стало известно, что показывает, что (по крайней мере, по моему мнению) контролеров Нового Мирового Порядка больше не волнует, узнают ли люди об их махинациях или нет - это факт заговора, открытого заговора, и как будто США гордятся ведущей ролью, которую они играют, и их не волнует, кто об этом знает.

Оранжевая революция в Украине

Виктор Янукович, униженный во время "оранжевой революции" 2004 года, собирался отпраздновать свое возвращение на политическую сцену в качестве премьер-министра после того, как его заклятый враг, президент Виктор Ющенко, поддержал его. Прозападный Ющенко, архитектор революции, свергнувшей старый порядок в Украине, неохотно выбрал "сожительство" с московскими пристрастиями Януковича в ранние часы, чтобы положить конец четырехмесячному политическому тупику.

Его единственной реальной альтернативой был роспуск парламента, затягивание кризиса и риск новых выборов, которые могли бы уничтожить его политически. Г-н Ющенко заявил, что он решил предложить г-на Януковича в качестве премьер-министра коалиции после получения письменных гарантий того, что он не будет пытаться отменить рыночные реформы и прозападную политику. Никаких подробностей об уступках, сделанных Януковичем, который выступает за сближение с Россией, традиционным союзником бывшей советской страны, не сообщалось. Ожидалось, что парламент утвердит назначение Януковича премьер-министром позже, после того как его Партия регионов подписала декларацию об общих принципах с партией Ющенко "Наша Украина" и другими коалиционными партиями. Соглашение положило конец четырем месяцам политического тупика, в течение которых в Украине действовало только временное правительство. Помимо уступок, полученных от Януковича, были вопросы о реакции низов против Ющенко в его собственных "оранжевых" рядах за заключение сделки с Януковичем. Харизматичная и радикальная Юлия Тимошенко, еще один важный игрок в Украине, который оказался в стороне от сделки, еще не проявила себя.

Ее политический блок занял второе место на парламентских выборах в марте, которые легко выиграла партия "Регионы" г-на Януковича. Хотя ей удалось отложить выдвижение своей кандидатуры на несколько часов, у нее не хватило голосов в парламенте, чтобы заблокировать его. После многочасовых ночных переговоров в попытке найти коалиционное соглашение, г-н Ющенко заявил в телеобращении: "Я *решил предложить Виктора Януковича на* пост *премьер-министра Украины*. Г-н Ющенко отказался от другого, очень рискованного варианта роспуска парламента и проведения новых выборов, предпочтя вместо этого потенциально сложное "сожительство" с г-ном Януковичем. Пророссийский кандидат Виктор Янукович, проигравший в 2004 году в президентском конкурсе "оранжевой революции", является постерным ребенком Украины. После революции его сторонились комментаторы, но после нескольких недель мучительных переговоров он все-таки получил номинацию на пост премьер-министра. Янукович отказался быть забытым после того, как в 2004 году потерпел поражение на президентских выборах от своего заклятого соперника Виктора Ющенко, которого сотни тысяч демонстрантов пришли поддержать, когда результаты выборов изначально были не в пользу Януковича.

Янукович выиграл конкурс, но когда начались массовые протесты "оранжевой революции", которые, казалось, спонтанно вылились в жестокие уличные демонстрации, Верховный суд аннулировал выборы на основании необоснованных обвинений в массовых фальсификациях и назначил новые выборы, которые, как и ожидалось, выиграл Ющенко.

Брошенный многими своими союзниками, отброшенный политической элитой, Янукович сделал то, чего никто не ожидал: он начал играть по правилам своих оранжевых оппонентов. С помощью американских консультантов он перенял тактику, использованную его "оранжевыми" соперниками в 2004 году. Используя рок-группы и множество сине-белого агитационного реквизита, он объехал весь юго-восток, чтобы заручиться поддержкой широких масс. *В 2004 году он вел предвыборную кампанию как коронованный король",* - сказал один высокопоставленный западный дипломат в Киеве во время его предвыборной кампании. *"Сейчас он ведет кампанию как голодающий политик".*

Глава 5

За пределами заговора

Доктор Говард Перлмуттер, профессор "социальной инженерии" в Уортонской школе и ученик доктора Эмери (который) отметил, что "рок-видео в Катманду" было подходящим образом того, как государства с традиционной культурой могут быть дестабилизированы, создавая возможность "глобальной цивилизации".

Для такой трансформации, добавил он, есть два условия: "создание сетей международных и местных организаций с международной приверженностью" и "создание глобальных событий" путем "превращения местного события в событие с почти мгновенными международными последствиями через средства массовой информации". Все это не является теорией заговора - это фактические доказательства заговора.

Соединенные Штаты считают официальной политикой, что продвижение демократии является важной частью общей стратегии национальной безопасности. Крупные подразделения Госдепартамента, ЦРУ, параправительственные агентства, такие как Национальный фонд поддержки демократии, и финансируемые правительством неправительственные организации, такие как Фонд Карнеги за международный мир, публикуют несколько книг по "продвижению демократии".

Все эти операции имеют одну общую черту: они связаны с вмешательством, иногда насильственным, западных держав, особенно США, в политические процессы других государств, и это вмешательство очень часто используется для продвижения конечной революционной цели - смены режима. Нынешнюю фазу Нового мирового порядка называют "периодом вне заговора", поскольку управляющие Новым мировым порядком настолько воодушевлены своими последними успехами, что их не волнует, стали ли их планы достаточно прозрачными. Одним из наиболее заметных способов определения фазы "вне заговора" является новая политика создания революций (фактически переворотов) вместо вооруженных вторжений в намеченные страны. По всей видимости, провал войны во Вьетнаме и вторжение американских военных в Ирак в 1991 году и снова в 2002 году убедили Комитет 300 в том, что государственный переворот предпочтительнее военного конфликта на земле. Это не исключает воздушных бомбардировок, но также ясно, что одних бомбардировок будет недостаточно для поражения существующего порядка в странах-мишенях, если только они не будут иметь масштабы массированных бомбардировок Германии в 1944-1945 годах. Последовательные "революции", происходящие по всему миру, следует рассматривать в вышеуказанном контексте.

Новая политика, известная как "вне заговора", была всерьез начата в ноябре 2003 года, когда президент Грузии Эдуард Шеварднадзе был свергнут после демонстраций, маршей и обвинений в том, что парламентские выборы были сфальсифицированы. Эти обвинения широко освещались в западных СМИ, хотя никаких достоверных доказательств фальсификации выборов так и не было представлено.

Год спустя, в ноябре 2004 года, в Украине была организована так называемая "оранжевая революция" с теми же обвинениями в широкомасштабном мошенничестве на выборах, которые разделили страну. В Украине проживает большое пророссийское население, и фальсификация выборов не была бы необходима для сохранения исторических связей Украины с Россией, но события 2004 года - виртуальный переворот - поставили страну на путь к постоянному членству в НАТО и ЕС.

Неофициальные сторонники "оранжевой революции" и шакалы западных СМИ обеспечили успех так называемой "народной революции". Обвинения в фальсификации выборов были выдвинуты еще до проведения голосования, и эти обвинения повторялись снова и снова, возглавляемые Комитетом избирателей Украины, который не финансировался украинцами, а получал каждый доллар своего финансирования из США. Сыграл ли Сорос какую-то роль в этом?

Это кажется вероятным, хотя и не доказанным. Как будто для того, чтобы объявить о своем происхождении, стены офисов комиссии были оклеены фотографиями Мадлен Олбрайт, зачинщицы и автора революции, свергнувшей законное правительство Сербии, а Национальный демократический институт раздувал пламя потоками взрывной пропаганды против ведущего кандидата, пророссийского Ванукови.

Глава 6

Два любопытных человека

Выживание мифа о спонтанной народной революции удручает, поскольку даже беглое изучение фактов, найденных в письменных заявлениях и различных публикациях, показывает, что это не просто миф, а откровенная ложь. Несколько лет назад я получил копию рассказа о жизни Курцио Малапарте, настоящее имя которого было Курт Сакер, итальянского писателя, журналиста и дипломата, родившегося в Италии в 1898 году и умершего в 1957 году. Я изучил этот отчет, поскольку казалось, что Мао Цзэдун взял на вооружение идею Малапарта о "народной революции".

Малапарте был замечательным человеком с удивительным знанием Европы и ее политики, полученным из первых рук в качестве дипломата и корреспондента престижной римской газеты *Corriere della Serra*. Он освещал события на Восточном фронте из Украины, и его репортажи были позже опубликованы под названием *Volga Nasce in Europa* ("Волга *поднимается в Европе*").

Он был прикомандирован к войскам вторжения американского генерала Марка Кларка в Италии в качестве офицера связи и написал ряд прекрасных статей о своем опыте работы с американской армией. После войны Малапарте вступил в Итальянскую коммунистическую партию и отправился в Китай после создания "Китайской Народной Республики". После прочтения очень интересной истории жизни Малапарте, кажется, что Мао мог "позаимствовать" у Малапарте. Безусловно, американские организации, стоящие за "оранжевой революцией", были в значительной степени вдохновлены идеями Малапарте, поддержаны неограниченными деньгами из Вашингтона (опять же, Джордж Сорос подозревается, но не доказано, что он является их источником) и более чем охотно сотрудничали с западными СМИ и ЦРУ. Но, вероятно, именно *"Техника переворота"* Курцио Малапарте впервые дала очень известное выражение этим идеям. Опубликованная в 1931 году, эта книга представляет смену режима как простую технику.

Малапарте прямо не согласен с теми, кто считает, что смена режима происходит сама собой. Фактически, он начинает свою книгу с рассказа о дискуссии между дипломатами в Варшаве летом 1920 года: Польша была захвачена Красной армией Троцкого (Польша сама вторглась в Советский Союз, захватив Киев в апреле 1920 года), и большевики были у ворот Варшавы.

Дебаты проходили между британским министром в Варшаве сэром Горасом Румбольдом и апостольским нунцием монсеньором Амброджо Дамиано Акилле Ратти - человеком, который два года спустя будет избран Папой Пием XI. Англичанин заявил, что внутриполитическая ситуация в Польше настолько хаотична, что революция неизбежна, и что поэтому дипломатический корпус должен покинуть столицу и отправиться в Позен (Познань).

Он родился в Прато, Тоскана, от матери-ломбардки и отца-немца, учился в колледже Чиконьини и в университете Ла Сапиенца в Риме. В 1918 году он начал свою карьеру в качестве журналиста.

Малапарте участвовал в Первой мировой войне, где был назначен капитаном пятого альпийского полка и получил несколько наград за свои ратные подвиги. В 1922 году он принял участие в походе Бенито Муссолини на Рим. В 1924 году он основал римское периодическое издание *La Conquista dello stato* ("Завоевание государства", название, вдохновившее Рамиро Ледесму Рамоса на *"La Conquista del Estado"*). Будучи членом Национал-фашистской партии, он основал несколько периодических изданий, писал эссе и статьи в другие, а также написал множество книг, с начала 1920-х годов руководил двумя столичными газетами.

В 1926 году вместе с Массимо Бонтемпелли (1878-1960) он основал литературный ежеквартальник "900". Позже он стал соредактором *Fiera Letteraria* (1928-31) и редактором *La Stampa* в Турине. В его исповедальном военном романе *La rivolta dei santi* (1921), критикующем коррумпированный Рим как настоящего врага. В книге *"Техника государственного управления"* (1931) Малапарте нападает и на Адольфа Гитлера, и на Муссолини. В результате он был лишен членства в Национальной фашистской партии и отправлен во внутреннее изгнание с 1933 по 1938 год на остров Липари.

Он был освобожден благодаря личному вмешательству зятя и наследника Муссолини, Галеаццо Чиано. Режим Муссолини повторно арестовывал Малапарте в 1938, 1939, 1941 и 1943 годах и заключал его в печально известную римскую тюрьму Regina Coeli. Вскоре после пребывания в тюрьме он опубликовал сборники реалистических и магических автобиографических рассказов, кульминацией которых стала стилизованная проза *"Женщина, похожая на меня"* (*Donna Come Me*, 1940).

Его замечательные знания о Европе и ее лидерах основаны на опыте работы корреспондентом и на итальянской дипломатической службе. В 1941 году он был направлен на Восточный фронт в качестве корреспондента газеты *Corriere della Sera*. Статьи, присланные им с украинских фронтов, многие из которых были подавлены, были собраны в 1943 году и опубликованы под названием *Il Volga nasce in Europa* ("Волга поднимается в Европе"). Этот опыт также лег в основу двух его самых известных книг, *"Капут"* (1944) и *"Кожа"* (1949).

Капутта, его скрытно написанный романистический рассказ о войне, представляет конфликт с точки зрения тех, кто обречен его проиграть. Повествование Малапарте отличается лирическими наблюдениями, например, когда он встречает отряд солдат вермахта, бегущих с поля боя на Украине:

> "Когда немцы боятся, когда этот загадочный немецкий страх начинает проникать в их кости, они всегда вызывают особый ужас и жалость. Их вид жалок, их жестокость печальна, а их мужество молчаливо и безнадежно."

Малапарте продолжает большую фреску европейского общества, которую он начал в *Капутте*. Там это была Восточная Европа, здесь - Италия между 1943 и 1945 годами; вместо немцев захватчиками выступают американские вооруженные силы.

Во всей литературе, появившейся после Второй мировой войны, ни одна другая книга не представляет так блестяще и так болезненно торжествующую американскую невинность на фоне европейского опыта разрушения и морального краха. Книга была осуждена Римско-католической церковью и внесена в Index Librorum Prohibitorum.

С ноября 1943 года по март 1946 года он был прикомандирован к американскому верховному командованию в Италии в качестве итальянского офицера связи. Статьи Курцио Малапарте были опубликованы во многих ведущих литературных периодических изданиях Франции, Великобритании, Италии и США.

После войны политические симпатии Малапарте обратились влево, и он стал членом Итальянской коммунистической партии. В 1947 году Малапарте переехал в Париж и писал драмы без особого успеха. Его пьеса *Du Côté de chez Proust* была основана на жизни Марселя Пруста, а *Das Kapital* - это портрет Карла Маркса. *Cristo Proibito* ("Запрещенный Христос") был умеренно успешным фильмом Малапарте - он написал и снял его в 1950 году.

Фильм получил специальный приз "Город Берлин" на Берлинском кинофестивале в 1951 году. По сюжету, ветеран войны возвращается в свою деревню, чтобы отомстить за смерть брата, расстрелянного немцами. Фильм вышел на экраны США в 1953 году под названием *"Странный обман"* и был признан одним из пяти лучших иностранных фильмов Национальным советом по рецензированию. Он также продюсировал эстрадное шоу *"Сексофон"* и планировал совершить велопробег по Соединенным Штатам.

Незадолго до смерти Малапарте закончил писать еще один фильм, *Il Compagno P.* После создания Китайской Народной Республики в 1949 году Малапарте заинтересовался маоистской версией коммунизма, но его поездка в Китай была прервана из-за болезни, и он был отправлен обратно в Рим.

Io in Russia e in Cina, его дневник событий, был опубликован посмертно в 1958 году. Последняя книга Малапарте, *"Maledetti toscani",* его нападки на буржуазную культуру, вышла в 1956 году. Он умер от рака.

Этот анекдот позволяет Малапарте обсудить различия между Лениным и Троцким, двумя практиками государственного переворота/революции. Малапарте показывает, что будущий Папа был прав и что неправильно было говорить, что для того, чтобы произошла революция, необходимы предварительные условия. Для Малапарте, как и для Троцкого, смена режима могла быть осуществлена в любой стране, включая стабильные демократии Западной Европы, при условии, что существовало тело людей, достаточно решительных для достижения этой цели. Нет сомнений, что методы Малапарте были соблюдены до мелочей в Югославии, Украине и Грузии.

Это описание Малапарте и его идей имеет отношение к тому, что США сделали в Панаме, Гондурасе, Никарагуа, Югославии; к отношениям США с Мао Цзэдуном, вторжению в Ирак и продолжающейся словесной войне с Ираном. Его мысли и идеи используются новыми левыми (неоконсерваторами) для осуществления революции в США, которая гораздо ближе, чем многие думают.

Это подводит нас ко второму разделу литературы, касающемуся манипулирования СМИ. Сам Малапарте не рассматривает этот аспект, но он (а) имеет большое значение и (б) явно является подмножеством техники государственного переворота в том, как смена режима практикуется сегодня. Действительно, контроль над СМИ во время смены режима настолько важен, что одной из главных особенностей этих революций является создание виртуальной реальности. Контроль над этой реальностью сам по себе является инструментом власти, что объясняет, почему при классических переворотах в банановых республиках первое, что захватывают революционеры, - это национальная радиостанция.

Существует сильное психологическое нежелание признать, что текущими политическими событиями намеренно манипулируют. Это нежелание само по себе является продуктом идеологии информационного века, которая льстит тщеславию людей и побуждает их верить, что они имеют доступ к огромному количеству информации. В действительности, кажущаяся множественность информации современных СМИ скрывает крайнюю скудость первоисточников, подобно тому, как улица ресторанов на итальянской набережной может скрывать реальность единственной кухни в глубине.

Сообщения о крупных событиях очень часто поступают из одного источника, как правило, новостного агентства, и даже такие авторитетные новостные организации, как BBC, просто перерабатывают информацию, полученную от этих агентств, представляя ее как свою собственную. Корреспонденты Би-би-си часто сидят в своих гостиничных номерах, когда отправляют репортажи, очень часто просто перечитывая в лондонской студии то, что им рассказали их коллеги дома.

Вторым фактором нежелания верить в манипуляции СМИ является чувство всезнания, которому любит льстить эпоха масс-медиа: сказать, что новостными сообщениями манипулируют, значит сказать людям, что они легковерны, а это не самое приятное сообщение.

Существует множество элементов манипулирования СМИ. Одним из самых важных является политическая иконография. Это очень важный инструмент для продвижения легитимности режимов, пришедших к власти в результате революции. Достаточно вспомнить такие знаковые события, как штурм Бастилии 14 июля 1789 года, штурм Зимнего дворца во время Октябрьской революции 1917 года или поход Муссолини на Рим в 1922 году, чтобы понять, что события могут быть возведены в ранг почти вечных источников легитимности. Однако важность политических образов выходит далеко за рамки изобретения простой эмблемы для каждой революции. Это подразумевает гораздо более глубокий контроль над СМИ, и этот контроль обычно должен осуществляться в течение длительного периода времени, а не только в момент смены режима. Важно, чтобы официальная линия партии повторялась *до тошноты*. Особенность сегодняшней культуры СМИ, которую многие диссиденты лениво и ошибочно называют "тоталитарной", заключается именно в том, что инакомыслие может быть выражено и опубликовано, но именно потому, что, будучи лишь каплями в океане, оно никогда не представляет угрозы для пропагандистского потока.

Одним из современных мастеров такого контроля СМИ был немецкий коммунист, у которого Йозеф Геббельс учился своему ремеслу: Вилли Мюнценберг. Мюнценберг был не только изобретателем пропаганды, но и первым, кто довел до совершенства искусство создания сети журналистов, формирующих мнение, которые пропагандировали взгляды, отвечающие потребностям Коммунистической партии в Германии и Советском Союзе. Он также заработал огромное состояние в процессе, поскольку создал значительную медиаимперию, от которой получал прибыль. Мюнценберг с самого начала был тесно вовлечен в коммунистический проект. Он входил в кружок Ленина в Цюрихе и в 1917 году сопровождал будущего лидера большевистской революции до цюрихского Hauptbahnhof, откуда Ленин был перевезен в пломбированном поезде и, при помощи германских имперских властей, с Финляндского вокзала в Санкт-Петербург. Затем Ленин призвал Мюнценберга противостоять ужасающей огласке в 1921 году, когда 25 миллионов крестьян Поволжья начали страдать от голода в новом советском государстве.

Мунценбергу, который к тому времени вернулся в Берлин, где позже был избран в Рейхстаг депутатом-коммунистом, было поручено создать фиктивную рабочую благотворительную организацию "Иностранный комитет по организации помощи голодающим в Советской России", целью которой было обмануть мир, заставив поверить, что гуманитарная помощь поступает не из Американской администрации помощи Герберта Гувера, а из других источников. Ленин опасался не только того, что Гувер воспользуется проектом гуманитарной помощи для засылки шпионов в СССР (что и произошло), но и, что, возможно, более важно, что первому в мире коммунистическому государству будет нанесен фатальный вред из-за негативной огласки того, что капиталистическая Америка пришла к нему на помощь всего через несколько лет после революции.

После того, как Мюнценберг нарезал зубы на "продаже" гибели миллионов людей от рук большевиков, он обратил свое внимание на более общую пропагандистскую деятельность. Он построил огромную медиаимперию, известную как Munzenberg Trust, которая владела двумя ежедневными газетами массового тиража в Германии, еженедельной газетой массового тиража и долями в десятках других изданий по всему миру. Его крупнейшими переворотами были мобилизация мирового мнения против Америки в связи с процессом Сакко-Ванцетти (двух итальянских иммигрантов-анархистов, приговоренных к смертной казни за убийство в Массачусетсе в 1921 году) и противодействие нацистскому утверждению в 1933 году, что пожар Рейхстага был результатом коммунистического заговора.

Нацисты, как помнится, использовали этот пожар для оправдания арестов и массовых казней коммунистов, хотя сейчас выясняется, что пожар на самом деле устроил человек, арестованный в то время в этом здании, поджигатель-одиночка Мартинус ван дер Люббе. Мюнценбергу действительно удалось убедить большую часть общественного мнения в неправде, равной, но противоположной той, которую распространяли нацисты, а именно, что последние сами устроили пожар, чтобы получить предлог для уничтожения своих главных врагов.

Главное значение Мунзенберга для нашего времени заключается в том, что он понимал исключительную важность влияния на тех, кто формирует общественное мнение. Особенно он преследовал интеллектуалов, считая, что на них особенно легко повлиять из-за их тщеславия. Его контакты включали многих великих литературных деятелей 1930-х годов, многих из которых он призывал поддержать республиканцев в гражданской войне в Испании и сделать ее *ключевым делом* коммунистического антифашизма.

Тактика Мюнценберга имеет первостепенное значение для манипулирования мнением в современном Новом мировом порядке. Более чем когда-либо, так называемые "эксперты" постоянно появляются на экранах наших телевизоров, чтобы объяснить, что происходит, и они всегда являются проводниками официальной линии партии. Их контролируют различными способами, обычно с помощью денег, лести или академического признания.

Существует и вторая литература, в которой высказываются несколько иные соображения, чем в конкретной технике, которую довел до совершенства Мунзенберг. Она касается того, как психологические стимулы могут побудить людей реагировать определенным коллективным образом.

Именно на этой основе работает Тавистокский институт

человеческих отношений.[4] Возможно, первым крупным теоретиком этой теории был племянник Зигмунда Фрейда, Эдвард Бернейс, который работал в Тавистоке и чья книга "Пропаганда", опубликованная в 1928 году, утверждала, что это естественно и правильно, что правительства должны организовывать общественное мнение в политических целях. Первая глава его книги показательно называется *"Организация хаоса"*.

Бернейс пишет:

> "Сознательное и умное манипулирование мнениями и организованными привычками масс является важным элементом демократического общества. Те, кто манипулирует этим невидимым механизмом общества, составляют невидимое правительство, которое и является реальной правящей силой нашей страны. "

Бернейс говорит, что очень часто члены этого невидимого правительства даже не знают, кем являются другие члены. Пропаганда, по его словам, является единственным способом предотвратить падение общественного мнения в диссонирующий хаос. Так же считает и Малапарте. Бернейс продолжал работать над этой темой и после войны, опубликовав в 1955 году книгу *"Инженерное согласие"*, на *которую* ссылались Эдвард Херман и Ноам Хомский, издав в 1988 году свою фундаментальную книгу *"Manufacturing Consent"*.

Связь с Фрейдом важна, потому что, как мы увидим позже, психология является чрезвычайно важным инструментом влияния на общественное мнение. Два автора книги *"Инженерное согласие"* утверждают, что любой лидер

---

[4] См. *"Тавистокский институт человеческих отношений - формирование морального, духовного, культурного, политического и экономического упадка Соединенных Штатов Америки"*, Джон Коулман, Omnia Veritas Limited, www.omnia-veritas.com.

должен играть на базовых человеческих эмоциях, чтобы манипулировать общественным мнением.

Например, Doris E. Флейшман и Говард Уолден Катлер пишут:

> "Самосохранение, амбиции, гордость, голод, любовь к семье и детям, патриотизм, подражание, желание быть лидером, любовь к игре - эти и другие мотивы являются психологическим сырьем, которое каждый лидер должен учитывать в своих усилиях по привлечению общественности к своей точке зрения... Чтобы сохранить уверенность в себе, большинство людей должны быть уверены, что все, во что они верят, - правда".

Это то, что понимал Вилли Манценберг - базовая человеческая потребность верить в то, во что хочется верить. Томас Манн намекнул на это, когда приписал возвышение Гитлера коллективному желанию немецкого народа иметь "сказку" вместо уродливой правды реальности поражения в Первой мировой войне, хотя он не потерпел поражения на земле. Другие работы, которые стоит упомянуть в этой связи, посвящены не столько современной электронной пропаганде, сколько более общей психологии толпы. Классикой в этом отношении являются *"Психология толпы"* Гюстава Ле Бона (1895), *"Толпа и власть"* Элиаса Канетти (1980) и *"Изнасилование толпы политической пропагандой"* Сержа Чахотина (1939).

Все эти книги в значительной степени опираются на психологию и антропологию. Есть также великолепная работа одного из моих любимых авторов, антрополога Рене Жирара, чьи труды о логике подражания (мимесисе) и о коллективных актах насилия являются прекрасными инструментами для понимания того, почему общественное мнение так легко мотивируется на поддержку войны и других форм политического насилия. После войны многие приемы, отточенные коммунистом Мюнценбергом, были взяты на вооружение американцами, что прекрасно описано в превосходной книге Фрэнсис Стонор Сондерс *"Кто заплатил пайперу"*, опубликованной в США под названием *"Культурная холодная война"*.

Стонор Сондерс подробно рассказывает о том, как в начале холодной войны американцы и британцы начали масштабную секретную операцию по финансированию антикоммунистической интеллигенции. Ключевым моментом является то, что большая часть их внимания и активности была направлена на левых, часто троцкистов, которые отказались от поддержки Советского Союза только в 1939 году, когда Сталин подписал пакт о ненападении с Гитлером, и часто людей, которые ранее работали на Мюнценберга. Многие из тех, кто находился в этой точке между коммунизмом и ЦРУ в начале холодной войны, были будущими неоконсервативными (большевистскими) светилами, включая Ирвинга Кристола, Джеймса Бернхема, Сидни Хука и Лайонела Триллинга.

Левые и даже троцкистские истоки неоконсерватизма хорошо известны - хотя я не перестаю удивляться новым деталям, которые я обнаруживаю, например, тому факту, что Лайонел и Диана Триллинг были женаты на раввине, для которого Феликс Дзержинский (основатель большевистской тайной полиции, ЧК [предшественник КГБ], и коммунистический эквивалент Генриха Гиммлера) был образцом героизма.

Эти левацкие корни особенно актуальны для тайных операций, упомянутых Стонором Сондерсом, поскольку целью ЦРУ было именно воздействие на левых противников коммунизма, то есть троцкистов. Мнение ЦРУ сводилось к тому, что на правых антикоммунистов не нужно влиять, а тем более платить им. Стонор Сондерс цитирует Майкла Уорнера, когда пишет:

> "Для ЦРУ стратегия продвижения некоммунистических левых должна была стать "теоретической основой политических операций Агентства против коммунизма в течение следующих двух десятилетий"".

Эта стратегия была изложена в книге Артура Шлезингера

"Жизненно важный центр" (1949), которая стала одним из краеугольных камней того, что должно было стать необольшевистским движением:

> "Целью поддержки левых групп было не уничтожение или даже доминирование, а скорее поддержание сдержанной близости к этим группам и наблюдение за их мышлением; предоставление им рупора для выражения своего гнева; и, в крайнем случае, наложение окончательного вето на их действия, если они становились слишком "радикальными"".

Пути, по которым ощущается это левое влияние, многочисленны и разнообразны. Соединенные Штаты были полны решимости создать для себя прогрессивный образ в противовес "реакционному" Советскому Союзу. Другими словами, они хотели сделать именно то, что сделали Советы. В музыке, например, Николай Набоков (двоюродный брат автора *"Лолиты"*) был одним из ведущих агентов Конгресса. В 1954 году ЦРУ финансировало музыкальный фестиваль в Риме, на котором "авторитарной" любви Сталина к таким композиторам, как Римский-Корсаков и Чайковский, была "противопоставлена" неортодоксальная современная музыка, вдохновленная двенадцатитоновой музыкой Шенберга, позже использованной для продвижения "Битлз".

> "Для Набокова в продвижении музыки, которая объявила себя подавляющей естественные иерархии, было явное политическое послание...".

Поддержка других прогрессистов появилась, когда Джексон Поллок, сам бывший коммунист, также получил поддержку ЦРУ. Его мазки должны были представлять американскую идеологию "свободы" против авторитаризма соцреалистической живописи.

(Этот союз с коммунистами возник еще до начала холодной войны. Мексиканский коммунистический художник-монументалист Диего Ривера пользовался поддержкой Эбби Олдрич Рокфеллер, но их сотрудничество внезапно закончилось, когда Ривера отказался убрать портрет Ленина из сцены толпы, нарисованной на стенах Рокфеллер-центра в 1933 году).

Это пересечение культуры и политики явно поощрялось органом ЦРУ с оруэлловским названием "Совет по психологической стратегии". В 1956 году она тайно продвигала европейские гастроли Метрополитен-опера, политической целью которых было поощрение мультикультурализма. Джанки Флейшманн, организатор, сказал:

> "В Соединенных Штатах мы - плавильный котел, и тем самым мы продемонстрировали, что люди могут уживаться вместе независимо от расы, цвета кожи или вероисповедания. Используя в качестве темы "плавильный котел" или другую подобную фразу, мы могли бы использовать Метрополитен как пример того, как европейцы могут уживаться в Соединенных Штатах и что, следовательно, некая европейская федерация вполне осуществима. "

Точно такой же аргумент использует, в частности, Бен Уоттенберг, в книге которого *"Первая универсальная нация"* утверждается, что Америка имеет особое право на глобальную гегемонию, потому что она воплощает в себе все нации и расы мира. Такого же мнения придерживаются Ньют Гингрич и другие неоконсерваторы. Среди других продвигаемых тем некоторые находятся на переднем крае современного необольшевистского мышления. Первая из них - это чисто либеральная вера в моральный и политический универсализм. Сегодня это убеждение лежит в основе философии внешней политики Джорджа Буша; он неоднократно заявлял, что политические ценности одинаковы во всем мире, и использовал это предположение для оправдания военного вмешательства США в поддержку "демократии".

В начале 1950-х годов директор СОВ (Совет по психологической стратегии быстро называют по инициалам, предположительно, чтобы скрыть его настоящее название)

Раймонд Аллен уже пришел к такому выводу:

> "Принципы и идеалы, воплощенные в Декларации независимости и Конституции, предназначены для экспорта и являются достоянием людей во всем мире. Мы должны обратиться к основным потребностям всех людей, которые, как я считаю, одинаковы как для фермера в Канзасе, так и для фермера в Пенджабе. "

Конечно, было бы неправильно приписывать распространение идей только тайным манипуляциям. Они находят свою силу в масштабных культурных течениях, причины которых многочисленны. Но несомненно, что господство этих идей может быть значительно облегчено тайными операциями, тем более что обитатели массовых информационных обществ весьма внушаемы.

Они не только верят тому, что читают в газетах, но и считают, что сами пришли к таким выводам. Таким образом, хитрость манипулирования общественным мнением заключается именно в том, что Бернейс теоретизировал, Мюнценберг инициировал, а ЦРУ возвело в ранг искусства. По словам агента ЦРУ Дональда Джеймсона:

> "Что касается отношения, которое Агентство хотело внушить посредством этой деятельности, очевидно, что оно хотело бы получить людей, которые по собственному разумению и убеждению были бы убеждены в том, что все, что делает правительство США, правильно. "

Другими словами, ЦРУ и другие американские агентства делали в то время стратегию, которую мы ассоциируем с итальянским марксистом Антонио Грамши, утверждавшим, что "культурная гегемония" необходима для социалистической революции.

Наконец, существует огромная литература по технике дезинформации. Я уже упоминал важный факт, первоначально сформулированный Чакотиным, что роль журналистов и СМИ является существенной для обеспечения последовательности пропаганды: *Пропаганда не может взять отпуск"*, - пишет он, *"таким образом формулируя одно из ключевых правил современной дезинформации, а именно, что требуемое сообщение должно повторяться очень часто, если мы хотим, чтобы оно дошло"*. Прежде всего, Чакотин утверждает, что пропагандистские кампании должны быть централизованно направляемыми и высокоорганизованными, что стало нормой в эпоху современного политического спиннинга; например, членам британского парламента от лейбористов не разрешается общаться со СМИ без предварительного разрешения директора по коммуникациям на Даунинг-стрит, 10.

Сефтон Делмер был и практиком, и теоретиком этой "черной пропаганды". Делмер создал фальшивую радиостанцию, которая вещала из Великобритании на Германию во время Второй мировой войны и создавала миф о том, что были "хорошие" патриотичные немцы, которые выступали против Гитлера. Фикция поддерживалась тем, что станция на самом деле была подпольной немецкой станцией, и что она была размещена на частотах, близких к частотам официальных станций. Эта черная пропаганда стала частью арсенала американского правительства; газета *"Нью-Йорк Таймс"* раскрыла, что правительство США готовит отчеты о политике, которые затем транслируются по обычным каналам и представляются так, как будто это собственные отчеты вещательной компании.

Существует множество других подобных авторов, некоторые из которых уже упоминались. Курцио Малапарте больше всего игнорируют на Западе, в основном потому, что мало кто его знает. Но, пожалуй, самой актуальной работой для сегодняшней дискуссии является *"Подрывная деятельность"* Роже Мукьелли, опубликованная на французском языке в 1971 году, которая показывает, как дезинформация превратилась из вспомогательной тактики войны в основную. По его словам, стратегия настолько эволюционировала, что теперь целью является завоевание государства даже без физического нападения на него, в частности, с помощью агентов влияния внутри него.

По сути, это то, что предложил и обсудил Роберт Каплан в своем эссе для *The Atlantic Monthly* в июле/августе 2003 года: "Превосходство исподтишка".[5] Один из самых зловещих теоретиков Нового мирового порядка и американской империи Роберт Каплан открыто выступает за использование аморальной и незаконной власти для установления контроля США над всем миром. В его эссе обсуждается использование тайных операций, военной силы, грязных трюков, черной пропаганды, скрытого влияния и контроля, формирования общественного мнения и других вещей, таких как политические убийства, все это подчинено его общему призыву к "языческой этике", как средству обеспечения американского господства.

Другой ключевой момент, связанный с Муккиэлли, заключается в том, что он был одним из первых теоретиков использования поддельных неправительственных организаций - или "подставных организаций", как их называли - для осуществления внутренних политических изменений в другом государстве. Подобно Малапарте и Троцкому, Муччелли также понимал, что не "объективные" обстоятельства определяют успех или неудачу революции, а восприятие этих обстоятельств, созданное дезинформацией. Он также понимал, что исторические революции, которые неизменно представлялись как продукт массовых движений, на самом деле были делом рук небольшого числа высокоорганизованных заговорщиков.

Фактически, следуя Троцкому, Муччелли подчеркнул, что молчаливое большинство должно быть строго исключено из механики политических изменений, именно потому, что перевороты - дело рук немногих, а не многих.

Общественное мнение - это "форум", на котором осуществляется подрывная деятельность, и Муккиэлли

---

[5] "Превосходство через скрытность".

показал различные способы использования СМИ для создания коллективного психоза. По его словам, психологические факторы чрезвычайно важны в этом отношении, особенно при реализации таких важных стратегий, как деморализация общества. Врага нужно заставить потерять уверенность в силе собственного дела, в то время как необходимо сделать все, чтобы убедить его в непобедимости противника.

Глава 7

Роль армии

Последний исторический момент перед переходом ко второй части, обсуждению современности, - это роль военных в проведении тайных операций и влиянии на политические изменения. Это роль, которую некоторые современные аналитики с радостью признают сегодня: Роберт Каплан с одобрением пишет о том, как американские вооруженные силы используются и должны использоваться для "продвижения демократии". Каплан утверждает, что телефонный звонок американского генерала часто является лучшим способом продвижения политических изменений в третьей стране, чем телефонный звонок местного посла США. И он с одобрением цитирует слова офицера армейского спецназа:

> "Кто бы ни был президентом Кении, одна и та же группа парней руководит его спецназом и телохранителями президента. Мы обучили их. Это означает дипломатическое влияние. "

Исторический контекст этой ситуации недавно обсудил швейцарский академик Даниэле Глазер в своей книге *"Тайные армии НАТО"*.

Его рассказ начинается с признания Джулио Андреотти, тогдашнего премьер-министра Италии, 3 августа 1990 года, что в его стране с конца Второй мировой войны существовала секретная армия, известная как "Гладио", что она была создана ЦРУ и МИ-6 и что ее деятельность координировалась отделом "неортодоксальной войны" НАТО.

И в этом случае труды Курцио Малапарте остаются без внимания на Западе. Таким образом, Глейзер подтверждает один из самых старых слухов в послевоенной Италии. Многие люди, включая следственных судей, давно подозревали, что "Гладио" - это не только партия сети тайных армий, созданных американцами по всей Западной Европе для борьбы с предполагаемой советской оккупацией, но и то, что эти сети начали влиять на исход выборов, даже заключая зловещие союзы с террористическими организациями. Италия была особой мишенью, так как там была очень сильна коммунистическая партия.

Первоначально эта секретная армия была создана для защиты от возможного вторжения. Но, судя по всему, в отсутствие вторжения она быстро переключилась на тайные операции по оказанию влияния на сам политический процесс. Существует множество доказательств того, что американцы действительно осуществляли масштабное вмешательство, особенно на выборах в Италии, чтобы не допустить прихода к власти ПЦУ. Десятки миллиардов долларов были выплачены Соединенными Штатами итальянским христианским демократам именно по этой причине.

Глейзер даже утверждает, что есть доказательства того, что ячейки "Гладио" совершали теракты, чтобы обвинить коммунистов и запугать население, чтобы оно требовало дополнительных государственных полномочий для "защиты" от терроризма. Глейзер цитирует человека, осужденного за установку одной из этих бомб, Винченцо Винчигерра, который должным образом объяснил природу сети, в которой он был пехотинцем.

Он сказал, что это часть стратегии *"дестабилизации, чтобы стабилизировать"*.

> *"Необходимо было атаковать мирных жителей, людей, женщин, детей, невинных людей, неизвестных людей, далеких от какой-либо политической игры. Причина была очень проста. Это было сделано для того, чтобы*

заставить этих людей, итальянскую общественность, обратиться к государству с просьбой о большей безопасности. Такова политическая логика всех массовых убийств и нападений, которые остаются безнаказанными, потому что государство не может осудить себя или объявить себя ответственным за случившееся. "

Связь с теориями заговора вокруг 11 сентября очевидна. Глейзер представляет множество убедительных доказательств того, что "Гладио" занималось именно этим, и его аргументы подчеркивают интригующую возможность союза с такими крайне левыми группами, как "Красные бригады". В конце концов, когда Альдо Моро был похищен и вскоре после этого убит, он физически направлялся в итальянский парламент, чтобы представить программу коалиционного правительства между социалистами и коммунистами - именно то, что американцы были намерены предотвратить.

Новый этап Нового мирового порядка был назван "периодом вне конспирации", поскольку руководители Нового мирового порядка настолько воодушевлены своими последними успехами, что их не волнует, что их планы стали совершенно прозрачными. Одним из наиболее заметных способов определения фазы "за пределами заговора" является поиск документов, которые освещают новую политику руководителей Нового мирового порядка; создание революций (фактически переворотов) вместо вооруженных вторжений в намеченные страны. Опять же, труды Курцио Малапарте, похоже, лежат в основе всего.

Видимо, провал войны во Вьетнаме и вторжение американских военных в Ирак в 1991 году и снова в 2002 году убедили Комитет 300 в том, что государственный переворот предпочтительнее военного конфликта на земле. Это не исключает воздушных бомбардировок, но также установлено, что одних бомбардировок будет недостаточно для преодоления существующего порядка в странах-мишенях, если только они не будут иметь масштаб массированных бомбардировок Германии в 1944-1945 годах.

Последовательные "революции", происходящие по всему миру, следует рассматривать в этом свете. Новая политика "вне заговора" была всерьез запущена в ноябре 2003 года, когда президент Грузии Эдуард Шеварднадзе был свергнут после демонстраций, маршей и обвинений в фальсификации парламентских выборов, которые широко освещались в западных СМИ, хотя никаких достоверных доказательств фальсификации выборов так и не было представлено.

Год спустя, в ноябре 2004 года, в Украине произошла так называемая "оранжевая революция" с теми же обвинениями в широкомасштабной фальсификации выборов, которые разделили страну. В Украине проживает большое пророссийское население, и фальсификация выборов не была бы необходима для сохранения исторических связей Украины с Россией, но события 2004 года - виртуальный переворот - поставили страну на путь к постоянному членству в НАТО и ЕС.

Выживание мифа о спонтанной народной революции удручает, поскольку даже беглое изучение фактов, найденных в письменных заявлениях и различных публикациях, показывает, что это больше, чем миф, смею сказать, откровенная ложь. Конечно, американские организации, стоящие за так называемой "оранжевой революцией", во многом вдохновленные идеями Малапарте, поддерживаемые неограниченными деньгами из Вашингтона и более чем охотно сотрудничающие с западными СМИ и ЦРУ, были неправы, когда говорили, что для совершения революции необходимы предварительные условия. Для Малапарте, как и для Троцкого, смена режима могла быть осуществлена в любой стране, включая стабильные демократии Западной Европы, при условии, что существовала группа людей, достаточно решительных для достижения этой цели.

Для ЦРУ стратегия продвижения некоммунистических

левых должна была стать "теоретической основой
политических операций Агентства против коммунизма в
течение следующих двух десятилетий".

Эта стратегия была изложена в книге Артура Шлезингера
"Жизненно важный центр" (1949), которая представляет
собой один из краеугольных камней того, что впоследствии
стало неоконсервативным движением. Стонор Сондерс
пишет:

> "Целью поддержки левых групп было не уничтожение
> или даже доминирование, а скорее поддержание
> сдержанной близости к этим группам и наблюдение за их
> мышлением; предоставление им рупора для выражения
> своего гнева; и, в крайнем случае, наложение
> окончательного вето на их действия, если они
> становились слишком "радикальными"".

Влияние левых ощущается по-разному. Соединенные
Штаты были полны решимости сформировать
прогрессивный образ в противовес "реакционному"
Советскому Союзу. Но, возможно, наиболее актуальной для
сегодняшних дебатов является книга Роджера Мукьелли
"Подрывная деятельность", опубликованная на
французском языке в 1971 году, которая показывает, как
дезинформация превратилась из вспомогательной тактики
войны в основную.

По его словам, стратегия настолько эволюционировала, что
теперь целью является завоевание государства даже без
физического нападения на него, особенно с помощью
агентов влияния внутри него. По сути, это то, что предложил
и обсудил Роберт Каплан в своем эссе для *The Atlantic
Monthly* в июле/августе 2003 года "Превосходство
исподтишка".

Один из самых зловещих теоретиков Нового мирового
порядка и американской империи, Роберт Каплан, прямо
выступает за использование аморальной и незаконной
власти для установления контроля США над всем миром. В
его эссе обсуждается использование тайных операций,

военной силы, грязных трюков, черной пропаганды, скрытого влияния и контроля, формирования общественного мнения и других вещей, таких как политическое убийство, все это подчинено его общему призыву к "языческой этике", как средству увековечивания американской гегемонии.

Глава 8

Иракский позор

Разрушение целостности и жизнеспособности страны-мишени всегда было сознательной целью западного колониального проекта. Создание нестабильности и недовольства существующей реальностью было необходимым условием для "приручения" и последующей интеграции коренных народов в доминирующую иерархическую модель. Сегодня, конечно, нам говорят, что колониализм остался в прошлом. Великие страны международного сообщества больше не стремятся поработить своих менее удачливых соседей, а проводят политику глобальной доброжелательности - конечно, в пределах, налагаемых здоровой конкуренцией. Нам не сообщают, когда произошло это чудесное обращение, но, возможно, оно происходило постепенно, параллельно с растущим разрывом между богатыми и бедными в мире. В любом случае, одного взгляда на состояние мусульманского мира достаточно, чтобы разрушить эту глупую иллюзию.

Пока иракское общество все глубже погружается в хаос, юмористы и комментаторы всех мастей много говорят о якобы некомпетентности и глупости наших лидеров. Но, как недавно предположил *канадский Spectator*, если бы Соединенными Штатами не руководили шуты, это было бы хорошо,

> "вывод заключается в том, что хаос, обнищание и гражданская война в мусульманском мире... отнюдь не являются непреднамеренными последствиями, а как раз являются целями политики США.

Причина нынешнего положения дел заключается в том, что,

как я только что сказал, Комитет 300 вышел из тени глобального заговора, из которого он всегда действовал, чтобы выйти в открытую, за пределы заговора. Больше нет никакого притворства; Новый мировой порядок в рамках единого мирового правительства - это открыто заявленная цель. Как и в случае с 11 сентября, которое послужило толчком к войне с терроризмом, некомпетентность является предпочтительным объяснением кошмарного сценария в Ираке сегодня. Хотя для одомашненного населения Запада план намеренного дробления Ирака по этническому признаку является неинтуитивным, он находит убедительное подтверждение в опубликованных документах. Возобновляя старые сионистские планы, Совет по международным отношениям США недавно призвал к расформированию "неестественного иракского государства". Из-за своего этнического разнообразия Ирак, как говорят, является ложной и искусственной конструкцией, продуктом произвольных колониальных решений в начале 20-го века . Это суждение можно было бы применить ко многим странам мира, однако эта тема с энтузиазмом воспринимается многими "экспертами", которым и в голову не придет ставить под сомнение государственный суверенитет в Квебеке, Стране Басков или Северной Ирландии. Характерно, что необольшевистский политолог Майкл Кларе недавно назвал Ирак "придуманной" страной:

> "... Чтобы облегчить добычу нефти в регионе, британцы создали фиктивное "Королевство Ирак", вернув три провинции бывшей Османской империи. ...и посадив на парашют фальшивого короля из страны, которая позже станет Саудовской Аравией. "

Соглашаясь с фиктивным обоснованием вторжения администрацией Буша, Кларе объяснил сопротивление суннитов желанием получить большую долю доходов от продажи нефти при будущем разделе страны. Идея о том, что сопротивление выходит за рамки "суннитов" или может быть мотивировано иракским национализмом или потребностью в самоопределении, отсутствует. В конечном счете, легкость, с которой западные академики непринужденно решают переделать страны по своему усмотрению, объясняется продолжающимся наследием Комитета 300.

В классическом стиле 19-го века говорящие головы говорят о том, что Ирак, несмотря на свою пятитысячелетнюю историю, сейчас не способен управлять собой, и поэтому его судьбу должны решать внешние силы. Страна, которая выдержала шесть недель самой интенсивной в истории кампании бомбардировок в 1991 году (которая, по мнению ООН, оставила Ирак в "доиндустриальной эпохе") и продолжала выживать в течение 12 лет самых жестоких и разрушительных санкций, когда-либо наложенных на страну, теперь беспечно отбрасывается в историю так называемыми западными экспертами. Для поддержки своего тезиса миф о древней межконфессиональной вражде, разжигаемой бандитами из "гуманитарной интервенции", ежедневно раздувается журналистами, которые не задаются вопросом о происхождении "межконфессиональных" нападений и не сообщают мнения простых иракцев (которые обвиняют оккупационную армию и ее марионеточное правительство в организованном хаосе).

Подготовка к оккупации Ирака началась практически сразу после первого нападения в 1991 году. Кроме того, в результате незаконного нападения под названием "Буря в пустыне", не санкционированного Конституцией США и не имеющего авторитета в *"Законе народов"* Эммериха Ваттеля, "Библии", на которой во многом основана Конституция США, Соединенные Штаты сорвались с обрыва в ущелье варварства, соперничающего с тем, что было в Средние века или даже позже, во время монгольского нашествия на Европу.

"Буря в пустыне" была худшим видом беззаконного бандитизма, за который Соединенным Штатам суждено заплатить высокую цену. С произвольным введением бесполетных зон на севере и юге страны по единоличному указанию Джорджа Буша-старшего, грубо нарушая международное право и Конституцию США, и при попустительстве западных СМИ, которые уже делили страну на три взаимно антагонистических региона, была создана сцена для одного из самых страшных злодеяний, постигших страну в древней и современной истории.

Первым признаком грядущих событий стало организованное разграбление музеев (пропало 170 000 экспонатов) и сожжение библиотек после падения правительства Саддама Хусейна в 2003 году. Позже, когда первый глава оккупационных сил, генерал Джей Гарнер, рекомендовал сохранить иракскую армию и создать коалиционное правительство, министр обороны Рамсфелд снял его с должности. Его преемник, Пол Бремер, затем распустил армию и другие ключевые национальные институты, "потеряв" при этом около 9 миллиардов долларов доходов от иракской нефти.

Восстановленная марионеточная армия состояла почти исключительно из представителей курдской и шиитской общин. Тем временем, неназванные убийцы начали нападать на иракское академическое сообщество, что в конечном итоге вызвало огромную "утечку мозгов" из страны и еще больше ослабило способность страны к восстановлению. Когда в стране активизировались вооруженные оппозиционные группы, последовал ряд событий, которые носили признаки тайных операций, призванных раздуть межконфессиональный конфликт и запятнать иракское Сопротивление. Ниже приводится краткая информация о наиболее подозрительных инцидентах.

Когда через четыре месяца после начала оккупации в штаб-квартире ООН прогремел взрыв грузовика, в результате которого погиб специальный посланник Сержиу Виейра де Мелло и еще 19 человек, консул Бремер предположил двух возможных виновников: "лоялистов Саддама или иностранных повстанцев". Однако Ахмед Чалаби из временного правительства был предупрежден о нападении за неделю до этого. Чалаби был предупрежден, что будет атакована "легкая цель", но это будут "не коалиционные власти и не коалиционные войска". Но ООН, чья охрана была снята в тот день, так и не была предупреждена.

В ноябре 2003 года, когда партизанская кампания нанесла тяжелые потери американским войскам, СМИ и временные органы власти начали заниматься промыванием мозгов на религиозной почве. После нескольких недель страшилок о гражданской войне, в результате скоординированных взрывов погибли 143 мирных шиитских жителя в Кербале и Багдаде. Во всем виновата "Аль-Каида", но журналист Роберт Фиск задает очевидный вопрос: *"Если агрессивная суннитская группировка хочет выгнать американцев из Ирака... почему они хотят настроить против себя шиитское население... 60 процентов иракцев?* "Ответа не последовало, и бессмысленные нападения участились.

В начале февраля 2004 года власти США утверждали, что перехватили сообщение из Ирака, в котором "Аль-Каида" просила помощи в разжигании гражданской войны. Почти сразу же, как бы подчеркивая это послание, взрыв убил 50 шиитов в небольшом городке Искандария. "Террористы вызывают опасения гражданской войны", - сообщила *газета The Independent,* опровергая мнение жителей города, которые все без исключения приписали взрыв авиаудару США. "Они слышали вертолет над головой и взрыв ракеты незадолго до взрыва.

Сам взрыв оставил кратер глубиной полтора метра, что больше похоже на ракету, чем на заминированный автомобиль.

Как и в случае с родительской организацией, ничто в этой группе не соответствует действительности. До 2004 года "Аль-Каида", исключительно суннитская организация, никогда не произносила ни слова против шиитов. Но когда кампания иракского сопротивления набрала непреодолимые обороты, внезапно всплыл, казалось бы, покойный иорданский боевик Абу Мусаб Заркави. Призвав к войне против "неверной" шиитской общины, он затем возглавил параллельную кампанию, характеризующуюся скорее беспричинными нападениями на гражданских лиц, чем изгнанием США из Ирака.

В течение следующих нескольких лет, когда США начинали массированные атаки в Ираке, Заркави удобно "обнаруживался" как скрывающийся. Штурм Фаллуджи в ноябре 2004 года был проведен с применением белого фосфора и оставил под руинами не менее 6 000 трупов, однако наблюдение со стороны США было настолько плотным, что Заркави, с его одной деревянной ногой, был замечен в бегстве в первый же день! Среди иракцев универсальный Заркави рассматривался как своего рода мобильное ОМП, способное появиться там, где это необходимо. Его история оставалась невероятной до самого конца, а опубликованные фотографии показывали слегка ушибленное тело человека, убитого бомбой 5001b. Правда, конечно, страннее вымысла, когда речь идет о множестве сфабрикованных ситуаций, которые происходят в Ираке почти ежедневно.

В апреле 2004 года игра была начата. Фаллуджа стала первым крупным городом, перешедшим под открытый контроль Сопротивления. Одновременно американские репрессии спровоцировали восстание шиитской армии Мехди, и США оказались в состоянии войны на два фронта. Последовали массовые демонстрации межконфессиональной солидарности: 9 апреля 200 000 суннитов и шиитов собрались на коллективную молитву в крупнейшей суннитской мечети Багдада, где главный проповедник высмеял возможность гражданской войны как предлог США для продления оккупации.

Соединенные Штаты столкнулись с хором протестов по всему миру, когда они нанесли удар по Фаллудже с воздуха в отчаянной попытке вернуть город. Затем в прессу попали фотографии систематических пыток в центре заключения

Абу-Грейб, что положило конец тому малому авторитету, который США сохранили в мировом мнении. Однако, чтобы отвлечь внимание от этой негативной огласки, доселе неизвестные группы боевиков начали похищать иностранных граждан и транслировать ужасающие видео, в которых жертвы похищения часто обезглавливались на камеру, когда требования похитителей не выполнялись.

Первой жертвой стал бизнесмен Ник Берг в ходе предполагаемой "расправы" в Абу-Грейб. Это убийство, предположительно дело рук Аль-Заркави, стало объектом пристального внимания, когда независимые СМИ поставили под сомнение достоверность видеозаписи казни. Было установлено, что видео впервые было загружено в Интернет из Лондона, а после изучения отснятого материала мексиканским судмедэкспертом многие наблюдатели согласились с тем, что человек, показанный в фильме, уже был трупом, когда его обезглавили.

Маргарет Хассан, англо-ирландский работник по оказанию помощи, прожила в Ираке 30 лет и посвятила свою жизнь благополучию нуждающихся иракцев, неустанно борясь против санкций ООН и выступая против англо-американского вторжения. Поэтому, когда осенью 2004 года ее похитили по дороге на работу, иракцы были потрясены. Начались спонтанные информационные кампании, а на рекламных щитах в столице появился плакат с изображением Хасана, держащего на руках больного иракского ребенка. "Маргарет Хассан - поистине дочь Ирака", - гласила надпись. Пациенты иракских больниц вышли на улицы в знак протеста против захватчиков заложников, а известные группы сопротивления, включая "призрак Заркави", призвали к ее освобождению.

Его похитители не выдвигали никаких конкретных требований, но в видеозаписи пленения Хасан умолял вывести британские войска. В предыдущих случаях группы идентифицировали себя и использовали видеозаписи для выдвижения своих требований. Но похищение Маргарет

Хассан с самого начала было другим. Эта группа не имела конкретного названия и не использовала знамя или флаг для самоидентификации. В их видеороликах не было привычных боевиков в капюшонах или декламации Корана. Другие похищенные женщины были освобождены, "когда их похитители признали их невиновность". Но не в случае Хассан, хотя она свободно говорила по-арабски и могла объяснить свою работу похитителям на их родном языке. Вскоре появилось видео, якобы показывающее ее казнь, а иракец Мустафа Салман аль-Джубури был позже приговорен багдадским судом к пожизненному заключению за пособничество похитителям. На сегодняшний день ни одна группировка не взяла на себя ответственность за этот акт.

Спустя долгое время после того, как на обочинах дорог стали появляться груды трупов, ставших жертвами анонимных убийц, журнал *Newsweek* сообщил о плане Пентагона использовать эскадроны смерти для ликвидации бойцов иракского сопротивления и их сторонников. Сальвадорский вариант", названный в честь аналогичной кампании в Центральной Америке в 1980-х годах, был подтвержден последующими сообщениями о причастности Министерства внутренних дел к появляющимся эскадронам смерти. По мере того как число жертв росло, корпоративные СМИ подавали эту историю через призму суннитских фанатиков, нападающих на невинных мирных шиитских жителей. Но факты говорят о другом. Согласно отчету Центра стратегических и международных исследований, большая часть атак сопротивления (75%) была направлена против коалиционных сил, что значительно превышает любую другую категорию в их исследовании (при этом атаки классифицировались по количеству, типу цели и количеству погибших и раненых).

Вопреки сложившемуся в СМИ представлению, на гражданские объекты приходится лишь 4,1% нападений. После того как 300 000 шиитов в Багдаде устроили крупнейшие народные демонстрации с 1958 года, г-н

Джунаид Алам задался вопросом:

> "Вышло бы такое огромное количество шиитов на протест против оккупации, если бы они думали, что большая часть суннитского вооруженного сопротивления, также выступающего против оккупации, пытается их убить? "

В 2005 году резко возросло использование автомобильных бомб, часто против невинных гражданских объектов. Хотя сеть Заркави, как считается, насчитывает не более тысячи человек в Ираке, она, очевидно, располагает неисчерпаемым запасом кадров, готовых пожертвовать своей жизнью ради священной войны. Однако другие источники предлагают иное объяснение.

В мае 2005 года Имад Хаддури, бывший иракский изгнанник, рассказал, как водителя, у которого в Багдаде отобрали права, полчаса допрашивали в военном лагере США, сказали, что против него не выдвигают никаких обвинений, а затем направили в полицейский участок Аль-Хадимия, чтобы вернуть права.

Водитель поспешил уехать, но вскоре у него сложилось впечатление, что его машина везет тяжелый груз, а также его насторожил низколетящий вертолет, который постоянно висел над ним, как бы преследуя его. Он остановил машину и обнаружил почти 100 килограммов взрывчатки, спрятанной на заднем сиденье. Единственное возможное объяснение этого инцидента заключается в том, что автомобиль действительно был заминирован американцами и предназначался для шиитского квартала Аль-Хадимия в Багдаде. Вертолет следил за его перемещениями и был свидетелем планируемого "отвратительного нападения иностранных элементов". "

(По словам Хадурри, сценарий повторился в Мосуле, когда машина водителя сломалась по дороге в полицейский участок, куда его направили для получения прав. Затем он повернулся и обнаружил, что запасное колесо было начинено взрывчаткой).

В том же месяце Хадж Хайдар, 64-летний фермер, перевозивший груз помидоров из Хиллы в Багдад, был остановлен на американском контрольно-пропускном пункте, а его пикап обыскали сверху донизу. Когда ему разрешили продолжить, его 11-летний внук рассказал ему, что видел, как один из американских солдат положил серый предмет размером с дыню в середину контейнеров с помидорами.

Понимая, что автомобиль был его единственным средством для работы, Хайдар поборол первоначальное желание бежать и снял предмет с грузовика, положив его в близлежащую канаву. Позже он узнал, что объект действительно взорвался, убив часть стада овец проходящего мимо пастуха.

В этот момент легендарный иракский журналист "Riverbend" написал, что многие из так называемых взрывов смертников на самом деле были автомобильными бомбами или бомбами замедленного действия, приводимыми в действие дистанционно. В нем рассказывалось, как один человек был арестован за то, что якобы застрелил национального гвардейца после мощных взрывов на западе Багдада. Но, по словам соседей этого человека, он не стрелял в кого-то, а видел:

> ... американский патруль проезжал через этот район и остановился на месте взрыва за несколько минут до взрыва. Вскоре после их ухода бомба взорвалась, и наступил хаос. Он выбежал из дома, крича соседям и прохожим, что американцы либо заложили бомбу, либо видели ее и ничего не сделали. Его быстро увели.

19 сентября 2005 года в Басре подозрительные иракские полицейские остановили британских солдат в гражданской одежде в автомобиле Toyota Cressida. Затем двое мужчин открыли огонь, убив одного полицейского и ранив другого. В конце концов они были схвачены и опознаны Би-би-си как члены элитного спецподразделения SAS. Солдаты были в париках и одеты как арабы, а их машина была начинена

взрывчаткой и буксировочным оборудованием. Фаттах аль-Шайх, член Национальной ассамблеи Ирака, рассказал "Аль-Джазире", что автомобиль должен был взорваться в центре популярного рынка Басры. Но прежде чем его теория получила подтверждение, танки британской армии сравняли с землей камеру местной тюрьмы и освободили своих зловещих агентов. Планы по организации межконфессионального хаоса стали более очевидными на третий год оккупации. В одном из случаев багдадская полиция сообщила командирам шиитской армии Мехди, что боевики около деревни Мадаин удерживают в заложниках 150 мирных шиитских жителей.

Когда ополченцы отправили бойцов в район для переговоров об их освобождении, они попали под обстрел, потеряв не менее 25 человек. "Я думаю, что это была подстава; стрельба была слишком интенсивной", - сказал помощник ополченца Мехди, добавив, что нападавшие использовали снайперов и тяжелые пулеметы. Жители города не знали о предполагаемом захвате заложников, и на месте происшествия заложников так и не обнаружили. Хотя неустанное промывание мозгов на религиозной почве явно возымело эффект, иракцы продолжали отвергать идею гражданской войны.

Однако после разрушения Золотой мечети в Самарре масштабы убийств в Ираке резко возросли. По словам охранников мечети, ответственные за это критическое нападение были одеты в форму Иракской национальной гвардии. Совместные силы Иракской национальной гвардии и американских войск, которые все это время патрулировали район, стали свидетелями нападения ополченцев на суннитскую мечеть в рамках заранее спланированного "ответа". '

Однако, по словам Сами Рамадани, реакция большинства простых иракцев была совершенно иной:

> *Ни один из преимущественно спонтанных маршей*
> *протеста не был направлен против суннитских*

мечетей. Возле разбомбленной святыни местные сунниты присоединились к шиитскому меньшинству города, осуждая оккупацию и обвиняя ее в том, что она разделила ответственность за произошедшее. В Куте на марше, возглавляемом "Армией Махди" Садра, были сожжены американские и израильские флаги. В районе Садр-Сити в Багдаде марш против оккупации был массовым.

Однако западные СМИ теперь могли использовать каждый инцидент как свидетельство непоправимой социальной дезинтеграции. Колумнист Дэниел Пайпс одобрительно заметил, что межконфессиональные распри уменьшат количество нападений на американские войска, поскольку иракцы воюют друг с другом. Затем его комментарии были повторены на канале Fox News с надписями на экране: "Положительные стороны гражданской войны" и "Тотальная гражданская война в Ираке: хорошо ли это? "

Ключом к оправданию ужасного колониального нападения на Ирак было неустанное создание пропаганды. Хотя это невозможно доказать, в администрации Буша наверняка есть кто-то, кто изучал Курцио Малапарте.

Создатель фильма Томас Фрейдман сравнил Ирак Саддама с этнически сегрегированной Алабамой во время линчевания. Шииты и курды считались недочеловеками.

Хотя министр здравоохранения - курд, а у правительства было два шиитских премьер-министра (Садун Хумади и Мохаммед аль-Зубайди), тот факт, что вице-президент - христианин, никогда не мешал "анализу" Фрейдмана. На самом деле, иракцы редко задавали вопросы о религии или этнической принадлежности лидеров и чиновников, перед которыми они были подотчетны. Их это просто не волновало.

Тем временем, для бригады "прав человека" пропагандисты, такие как Джоханн Хари из *The Independent*, создавали двухмерную карикатуру на страну, в которой адский режим убивает 70 000 своих граждан каждый год (и никто этого не замечает). Однако, несмотря на признанные преступления правительства Баас, в 1990-е годы посетитель мог пройтись по Багдаду, не встречая танков, заминированных автомобилей, похищений, авиаударов, нехватки топлива, отключений электроэнергии и огромных тюремных лагерей. И каковы бы ни были масштабы преступлений Саддама, они меркнут по сравнению с преступлениями американских оккупационных сил.

Саддам не собирался распускать правительство, армию, гражданские учреждения, грабить музеи и убивать учителей и интеллектуалов, проводить этническую чистку христиан и суннитов и разжигать межконфессиональное насилие. Саддам не собирался увеличивать недоедание, сокращать подачу питьевой воды, отключать электричество, ликвидировать систему социальной защиты, увеличивать бедность и безработицу или натравливать иракцев друг на друга в жестокой борьбе за выживание.

Саддам не оправдал неоконсервативной теории "созидательного разрушения", намеренно ввергнув целую нацию в хаос, разрушив ткань иракского общества и оставив народ искать защиты у ополченцев. Правда в том, что приближающийся пик мирового производства нефти грозит фатальным ослаблением силового блока США.

Поэтому нельзя было допустить, чтобы саддамовский Ирак, независимое, богатое нефтью государство в самом стратегически важном регионе планеты, выжил. Но непримиримое сопротивление оккупации вынудило США обратиться к своему плану на случай непредвиденных обстоятельств (официально, конечно, его не было). В этом плане разрабатывается нечто похожее на трехстороннюю балканизацию страны, предложенную Одедом Йиноном. Существующие независимые государства должны быть ликвидированы и заменены рядом слабых и послушных протекторатов.

Специфика может быть совершенно иной, но спланированный распад Югославии, безусловно, служит моделью для такого расчленения.

> К 1990-м годам, - пишет Диана Джонстон, - международное сообщество под руководством США больше не было заинтересовано в государственном строительстве. Деконструкция национального государства была более совместима с мерами экономической глобализации".

С этой целью в Ираке и Югославии США заключили союз с "разделителями государств" и сектантскими фанатиками, публично заявляя о защите национального суверенитета. На случай недоразумений идеологи необольшевизма дали понять: "естественные" межконфессиональные трения, говорят они, неизбежно возникнут в отсутствие репрессивного государства, способного их контролировать. Поэтому, под их благосклонным руководством, Ираку необходимо позволить распасться на этнические составляющие.

После бомбардировки Ирака в 1991 году и заявления Джорджа Буша-старшего о "новом мировом порядке" американской гегемонии, внешнеполитические форумы фактически провозгласили устаревание национального государства. Фактически, глобальное навязывание западной модели развития после Второй мировой войны уже положило конец традиционной независимости государства. Новая" идеология была просто признанием фактов на местах. После распада Советского Союза известные сторонники антигосударственной идеологии предсказывали приближение "конца истории", в результате которого все народы мира будут интегрированы в глобальный, городской, капиталистический и потребительский образ жизни.

Таким образом, "хаотическое разнообразие культур, ценностей и верований, которое скрывается за конфликтами прошлого", будет подавлено в общем процессе политической и культурной гомогенизации. Еще слишком рано предсказывать конец этого иллюзорного видения, но во всем мире люди предпочитают сами строить свое будущее, все более глухие к советам суперэлиты. В Ираке глобальная осведомленность сильнее, чем где-либо еще.

Таким образом, предсказанная вспышка широкомасштабного межконфессионального конфликта не осуществилась. По мере того как вооруженное сопротивление усиливает свою борьбу против США и открыто противостоит террористам-джихадистам салафитского толка, среди иракцев стал чрезвычайно популярен кулон. Его можно увидеть на улицах и на телевидении, причем женщины-ведущие носят его во время чтения новостей. Подвеска имеет форму Ирака.

Когда телеканалы показывали подростков с автоматами Калашникова против самой мощной армии мира в Фаллудже, эти кадры наводили на мысль о борьбе чрезвычайной важности. Но наряду с вооруженным сопротивлением журналисты, интеллектуалы, профсоюзные деятели и иракцы из всех слоев общества противостоят военно-промышленной державе на своей собственной земле.

Глава 9

План войны выходит за рамки заговора

Как и во всех так называемых "кризисных ситуациях", "кризис" был порожден сфабрикованной ситуацией. Потопление "Лузитании", нападение Японии на Перл-Харбор и предполагаемые атаки торпедных катеров на американский флот в Тонкинском заливе, которые позволили президенту Джонсону направить американские войска во Вьетнам, являются прекрасными примерами. Надеюсь, я показал, что неспровоцированное нападение на Югославию было продолжением этих сфабрикованных ситуаций, как и нападение на Ирак в 2001 году под предлогом наличия у него мнимого "оружия массового поражения". Я не могу придумать лучшего способа рассказать правду о том, что произошло в преддверии войны против Югославии по приказу Клинтона, чем из уст покойного президента Милошевича.

Прежде всего, что касается покойного президента Милошевича, то описания в западной прессе не соответствовали действительности: умный, спокойный и достойный, человек, который знал, кто он такой, и не нуждался в рекламе.

В отличие от Олбрайт, чей отец был привлечен к ответственности за кражу ценной коллекции произведений искусства, принадлежавшей владельцу квартиры, которую он снимал, честность Милошевича была прокомментирована несколькими нейтральными представителями иностранных правительств, которые сказали, что он всегда вел себя уверенно и достойно.

Объясняя случившееся, покойный Слободан Милошевич

ясно дал понять, кто был зачинщиком войны против Сербии:

"Югославия была современной федерацией с разными культурами, разными наследиями, жившими без особых разногласий, а вопрос о том, кто македонец, кто хорват и т.д., был навязан извне, в частности, американцем Холбруком. И только потом возникли проблемы. Никто, заинтересованный в их благополучии, не стал бы агитировать за распад Югославии, пока часть хорватского народа живет в Боснии и так далее? Или мусульмане? И что стало бы с нами, разделенными на маленькие государства?

В Европе нет признания культурных и этнических различий. Каждой стране нужны новые формулы, чтобы уважительно относиться к культурным и этническим различиям. В Югославии был такой кодекс. НАТО должно быть альянсом. Союз означает равноправие государств. Но на самом деле НАТО - это военная машина, навязанная американским владыкой. Понятно, что США, как самая могущественная страна, стремится к лидерству. Американцы могли быть благосклонны. Но вместо этого вы избрали путь кесаря, проливая кровь и убивая народы. Значит, вы пропустили тысячелетие, а не только век. Это было бы комично, если бы не было трагично.

Все стало прозрачным. Рассмотрим эту очень краткую историю. В октябре 1997 года состоялась встреча лидеров стран Юго-Восточной Европы, всех нас. Мы установили очень хорошее взаимопонимание. Я предложил: "Давайте сделаем что-нибудь для себя. Давайте уберем тарифы между нами. Встреча прошла очень хорошо. Я лично провел прекрасные переговоры с Фатосом Нано, премьер-министром Албании. Мы обсуждали открытие наших границ, и он сказал, что Косово - это внутренняя проблема нашей страны. Послание этой встречи заключалось в том, что в Юго-Восточной Европе все будет решаться путем взаимных консультаций. Через месяц я получил письмо от министра иностранных дел Германии Клауса Кинкля и министра иностранных дел Франции Юбера Ведрина о том, что они очень обеспокоены судьбой албанцев. А затем, конечно, БНД [немецкая секретная служба] организовала так называемую ОАК в 1998 году. Они начали стрелять, убивать почтальонов, лесников; они бросали бомбы в кафе, возле зеленых рынков. Мы отреагировали так, как отреагировало бы любое государство. К лету 1998 года они исчезли, были уничтожены. В этот момент балканский посланник] Ричард Холлбрук приехал сюда, чтобы настоять на том, чтобы его вооруженный персонал был допущен в Косово - в качестве наблюдателей, сказал он: мы поговорили. Наши дискуссии были разочаровывающими. В один день мы решали проблему, а на следующий Холлбрук снова ее открывал. Я сказал: "Но мы решили эту проблему вчера! ". И он сказал бы: "Инструкции". Он хотел послать 20 000 так называемых вооруженных наблюдателей. Это сопровождалось угрозой, что НАТО будет бомбить нас.

Мы пытались минимизировать ущерб от этого шантажа, мобилизовать мировое общественное мнение. В то же время мы снизили требования Холбрука с 20 000 до 2 000 человек и с вооруженных наблюдателей до невооруженных наблюдателей. Так что это не было вооруженным вторжением в чистом виде. Но это все равно была атака на наш суверенитет. Они поставили преступника Уильяма Уокера руководить своими наблюдателями. Это человек, который работал с эскадронами смерти в Сальвадоре. Предположительно дипломаты, его наблюдатели были в основном агентами разведки, скрывавшимися за личиной частной американской компании DynCorp. Как и Lockheed, DynCorp получает все свои деньги от государственных и военных контрактов. Это частное шпионское агентство, которое предоставляет информацию Пентагону и различным другим государственным учреждениям США.

Уолкер создал Рачак, фальшивую резню, основываясь на своем опыте работы в Сальвадоре. Затем Рачак был использован Мадлен Олбрайт для обоснования их ультиматума о переговорах в Рамбуйе. Нам сказали: ведите переговоры или будете разбомблены. Конечно, согласно международному праву, ни один договор, заключенный в результате угроз, не является юридически обязательным. Но это не было их заботой. Мы решили использовать эти так называемые переговоры для иллюстрации нашей позиции. Наша делегация была составлена из представителей наших национальных групп. В него входили этнические сербы, албанцы, горанцы [славянские мусульмане], рома [цыгане] и турки. Состав Косово до появления ОАК [Армии освобождения Косово] вытеснил большинство из них. Между тем, полный текст "соглашения Рамбуйе" появился в албанском издании за три дня до прибытия нашей делегации во Францию. Видите? Он был составлен заранее. Наши делегаты прочитали его. Один из них показал его американцам и сказал: "Смотрите, это плохо сделано. Это дерьмо. И один из американцев сказал: "О чем вы говорите? Его подготовил Джеймс О'Брайен! Один из наших лучших мужчин! Он написал целые документы для тибетской автономии. Вот с чем нам пришлось столкнуться. А что насчет Клинтон? Он сказал, что сербы несут ответственность за Первую и Вторую мировые войны. Одна израильская газета спросила меня, является ли демонизация антисербских СМИ формой геноцида. В конце концов, эта демонизация была использована для оправдания воздушной войны, которая состояла почти исключительно из бомбардировок гражданского населения, уничтожения нормальной жизни, жизни народа.

Сербы - единственные европейцы, подвергшиеся бомбардировкам со времен Второй мировой войны. Было сброшено 22 000 тонн бомб. Без лавины лжи со стороны СМИ простые западные граждане никогда бы не допустили этого. Поэтому демонизация была важнейшей частью военной машины, ограничивающей международный протест. Это была часть геноцида.

Люди в странах НАТО еще не осознают, что им лгали. И они не осознают, какой ущерб это нанесло их обществам. Администрация Клинтона внедрила ложь в очевидно демократический институциональный аппарат, тем самым предотвратив любую возможность демократии. Как люди могут делать выбор, если их мышление основано на лжи?

Разрушение Югославии является материальным доказательством того, что США и другие силы занимаются новым колониализмом. Если бы их прекрасные слова о глобальной интеграции были правдой, они бы сохранили Югославию. Она воплотила в себе именно эту интеграцию. Никто не может быть против интеграции, если она справедлива, если к людям относятся одинаково. Новый колониализм заключается в том, чтобы сделать малую часть богаче, большую часть беднее; и убить нации. Если вы потеряете свою страну, свою независимость и свободу, все остальные битвы будут проиграны. Как вы можете организовать страну для процветания, если у вас нет страны? Если мы поймем, что перед нами новый вид колониализма, который покушается на национальный суверенитет, мы сможем собрать все наши силы. Когда-то левые понимали эту идею, поэтому имперские силы проникли в левые.

Но левые зачастую хуже правых. В Германии избавились от Коля и поставили на его место Шредера, который будет делать все для американцев. Горбачев также был американцем. Он разрушил для них Советский Союз. В течение многих лет русские действовали так, как будто находились под гипнозом.

Американцам удалось загипнотизировать их, заставив поверить, что их экономика зависит от МВФ и Всемирного банка. Сотни миллиардов выведены из России, жизнь простых людей разрушена, а они тратят время на переговоры о кредитах МВФ.

Рассмотрите возможности. Вся Западная Европа зависит от добычи природного газа. Почему Россия не является основным поставщиком? Это могло бы быть так, если бы русские имели это в виду, а не играли в эту дурацкую игру, полагаясь на МВФ. Посмотрите на экономические модели, которые применяет МВФ! Кеннет Гэлбрейт, американский экономист, сказал: "Если бы американцы развернули эти экономические модели в Америке, они были бы уничтожены". Вопрос к русским: когда вы осознаете необходимость и возможность быть сами себе хозяевами? Нет способа играть в американскую игру и побеждать. США контролируют всю международную банковскую систему.

На меня нападали за все. Американский посланник Ричард Холлбрук однажды сказал мне: "Швейцарское правительство собирается заморозить ваши счета". Я сказал: "Зачем останавливаться на этом? Подождите минутку". Я написал несколько слов и отдал ему бумагу. "Вот. Я передал вам все активы на моих зарубежных счетах. Вы можете оставить себе все до копейки".

Он был удивлен. "Можно? "Я ответил: "Да! К сожалению, счетов нет". Вообще, в банковском деле нельзя, чтобы президенты стран скрывали большие суммы денег. Это просто абсурд. Смысл всех сообщений о том, что они еще не нашли мои деньги, заключается в том, чтобы создать у людей ложное впечатление, что есть что искать.

Частное лицо на одном из сербских телеканалов критиковало СМИ, и в самый разгар этого выступления канал отключил электричество. Вот так. Экран стал черным. Это показывает, насколько беспокоит этот режим ДОС [установленный в результате переворота в октябре 2000 года] малейшее критическое мышление. Они обвиняют меня в том, что я диктатор. Это просто смешно. До переворота ДОС у нас была демократия. 95% СМИ были частными, и оппозиция контролировала большую их часть. В Косово у албанцев было более 20 различных СМИ. В любом районе можно было купить газету с нападками на правительство. У нас не было ни одного политического заключенного. Но этот новый режим принял так называемые законы об "амнистии", освободив членов ОАК, осужденных за убийство детей и других людей. Они называют это "новой политической свободой". Я называю это легализацией террора. Как проявилась моя так называемая диктатура? Ибрагим Ругова, лидер албанских сепаратистов, может провести пресс-конференцию в Белграде. Он мог свободно ходить, обедать и критиковать все подряд. И он сделал это. Никто его не беспокоил.

Они обвинили меня в том, что я стою за серией убийств, произошедших до переворота. Министр обороны был убит. Премьер-министр края Воеводина был убит. Был убит генеральный секретарь югославских левых, заместитель министра внутренних дел Сербии, генеральный директор "Югославских авиалиний", мой друг по спортзалу. Это были люди, с которыми я работал, друзья. Ни один лидер оппозиции не был убит. Поэтому я убивал своих друзей и щадил своих врагов. Уникальная стратегия.

Когда происходит преступление, разве мы не должны спросить: Qui bono? Разве не очевидно, что эти убийства были совершены в интересах наших иностранных противников? Что они были попыткой запугать мужчин и женщин нашего правительства? Но контролируемые Западом СМИ говорят, что я несу ответственность.

Оппозиционные СМИ всячески демонизировали наше правительство, мою семью и меня. Они обвинили моего сына в том, что он преступник. Телевидение смешало эту клевету с программами, завезенными из Америки; яркие образы, привлекательные, особенно для молодежи. Они делают это по всему миру. Это культурная атака.

Конечно, это имело определенный эффект. Люди в нашей стране не привыкли к рекламным приемам, основанным на повторении ложных образов. Оппозиция научилась этим приемам у США и других стран НАТО.

Я использовал термин "оппозиция", но на самом деле у нас не было оппозиции. У нас была Пятая колонна. Ей платили огромные деньги люди, которые нас бомбили.

Это было открыто признано. И эта пятая колонна, которая сейчас занимает правительственные посты, зашла так далеко, что согласилась сотрудничать с Гаагским трибуналом, фальшивым трибуналом, созданным в связи с геноцидом против сербов. Время от времени они арестовывают исламского фундаменталиста или хорватского фашиста, чтобы обеспечить баланс. Но цель - уничтожить тех, кто поддерживает Югославию, кто защищает Сербию, оставить простых людей уязвимыми для нападений и заставить мир поверить, что сопротивление невозможно.

На прошлой неделе нынешние власти Белграда отправили в Гаагу свою первую жертву. Он - боснийский серб, активно работающий в сфере беженцев. И в Белграде мы видим правосудие в стиле Гааги. Нынешние власти арестовали Драголюба Милановича, директора РТС [государственное телевидение].

Вот как это произошло. В январе в Белград приехала прокурор из Гааги Карла дель Понте. Она обвинила Драголюба Милановича и меня в убийстве. Почему она это сделала? Потому что 23 апреля 1999 года НАТО разбомбило РТС, убив 16 человек в ходе одной из самых жестоких бомбардировок. И, по ее словам, НАТО ясно дало понять, что будет бомбить; поэтому, согласно ее безумной логике, мы несем ответственность. 8 апреля французские чиновники действительно угрожали разбомбить РТС. 9-го числа мы окружили телеканал живым щитом, журналисты, режиссеры, чиновники, все вместе, со связанными руками. Сербские граждане делали то же самое на мостах, на заводах, везде.

Затем Уэсли Кларк, похоже, снял угрозу, но в любом случае, что нам делать? Не ходить на работу? Работники заняли наш крупнейший автомобильный завод и написали письмо с призывом к НАТО не бомбить.

НАТО все равно нанесла бомбовый удар, убив и ранив десятки людей. Были ли жертвы виновны? Г-н Миланович работал в RTS весь месяц и тоже мог быть убит. Это сделало бы его ответственным за 17 смертей, а не за 16? Конечно, Карла дель Понте работает на НАТО, на бомбардировщики. И новые власти в Белграде, которые фактически арестовали Драголюба Милановича по этому безумному обвинению, эти люди также работают на НАТО. Военные преступления - кто виновен?

В Косово были совершены военные преступления. Но кем? Террористами, которые совершали злодеяния как само собой разумеющееся; НАТО, которое никогда не вредило нашим военным? Они бомбили наши дома. Они сбросили кассетные бомбы на наши зеленые рынки. Бомбы с урановым покрытием. Это военные преступления. И они виновны в величайшем из всех преступлений: они начали незаконную и агрессивную войну. Их действия сейчас, все, что они делают, направлено на то, чтобы скрыть преступную ответственность Клинтона, Олбрайт, Блэра, Шредера, Соланы, всех остальных.

Они - самые страшные военные преступники. Но они обвиняют меня. Говорят, что я приказал устроить резню албанцев в Косово. И чтобы доказать это, они отправили судебно-медицинских экспертов по всему Косово в поисках злодеяний. Это была пропагандистская акция, а не научное исследование. Это был театр - для СМИ. О каждом шаге этих экспертов сообщалось: они ищут тела; они скоро откопают их; они нашли ботинок; и так далее.

При всем этом люди должны были подумать: здесь должно быть серьезное преступление. Новость о том, что они искали, была большой новостью, но новость о том, что они ничего не нашли - это была очень маленькая новость. Я думаю, что многие люди в ваших странах все еще верят, что мы совершили геноцид против албанцев в Косово.

В конце мая 1999 года русские предложили нам так называемый "ельцинский" мирный план. Это был хороший план. Затем, похоже, русские встретились с американцами в Финляндии, а когда российский посланник Виктор Черномырдин прибыл в Белград, план был совершенно иным. Было сказано, что Косово останется частью Югославии, но план предусматривал также полный вывод югославских войск и оккупацию со стороны ООН. Мы спросили, откуда мы можем знать, что это не превратится в оккупацию НАТО и террор ОАК. Черномырдин поклялся нам, что наши русские братья не допустят этого.

Что нам оставалось делать? С одной стороны, российская администрация обещала не допустить захвата НАТО. С другой стороны, существовала явная угроза. НАТО начало бомбить Косово.

Если мы не согласимся, русские ясно дали понять, что они откажутся от своей поддержки, и что мы будем осуждены в международных СМИ как поджигатели войны, которые даже не приняли мирный план от наших русских братьев. Поэтому мы согласились подписать договор. Руководители нашего правительства обсудили его, а затем парламент обсудил его и проголосовал за подписание соглашения.

После переворота 5 октября я подал в отставку с поста президента. Мне не нужно было этого делать. Мы могли бы провести контратаку. Но наше правительство обсуждало эту ситуацию. Мы думали, что иностранные державы хотят устроить кровавую бойню. Их идея заключалась в следующем: мы будем оказывать твердое сопротивление; их пятая колонна организует провокации с применением насилия; мы будем действовать, чтобы сохранить порядок; затем их агенты будут инсценировать убийства перед камерами, обвиняя нас, чтобы создать впечатление безжалостных репрессий. Затем, под видом защиты, они могли бы осуществить чилийское решение при поддержке внешних сил.

Кроме того, многие простые люди в то время были введены в заблуждение средствами массовой информации DOS, демонизацией нашего правительства и многими ложными обещаниями, очевидно, подкрепленными западными телекартинками, соблазнительными образами богатства. Мы думали, что НАТО хочет спровоцировать гражданскую войну, кровавую баню и позволить сербам убивать друг друга. Создать предлог для вмешательства. У нас есть непосредственный опыт войны. Потери невозможно восполнить. Поэтому, если есть возможность, лучше бороться в политической сфере. Поэтому я подал в отставку. Это застало американцев врасплох. Мне сказали, что 6 октября [госсекретарь США Мадлен] Олбрайт позвонила Стивену Эрлангеру из NY Times, очень расстроенная. "Возможно ли, что он подал в отставку? "Она не могла в это поверить. Это испортило их планы.

Как вы считаете, нынешние экономические проблемы вызваны некомпетентностью новых властей или они были созданы намеренно? Экономика была разрушена.

Компетентные менеджеры были изгнаны насилием или угрозами. Их заменили люди, которые некомпетентны, но делают то, что им говорят власти. И что они им говорят? Парализовать экономику и обанкротить целые отрасли, чтобы их можно было продать за бесценок своим боссам на Западе. Это не похоже на старомодный колониализм. Иностранцы ставят у власти своих доверенных лиц и просто раздевают страну догола, уничтожают местный производственный потенциал, а затем выбрасывают свой хлам. В первую зиму после бомбардировок НАТО [т.е. зимой 1999-2000 годов] у нас не было ограничений на отопление. Это была лютая зима. Следующая зима была мягкой, но новые так называемые демократы - Милошевич имеет в виду "демократическую" оппозицию в Сербии, которая пришла к власти в результате переворота 5 октября 2000 года, со всеми своими обещаниями, что Запад сделает то-то и то-то - что они получили? Постоянная нехватка электроэнергии, и не забывайте, что мы отапливаем себя в основном электричеством".

В этом заявлении есть еще много интересного, но здесь приведены основные моменты, в которых покойный президент Милошевич прекрасно рассказывает о методах, используемых Новым мировым порядком, и дает понять, что нападение на Сербию было неотъемлемой частью продвижения Нового мирового порядка. Его яркий и четкий рассказ о нечестности Клинтона, Холлбрука и Олбрайт и вероломном поведении генерала Уэсли Кларка леденит душу, поскольку то, что мы видим на бумаге, является реальным способом действий, который будет использоваться во всех будущих завоеваниях непокорных национальных государств.

Война против Югославии является моделью для войн, которые будут вестись, помимо заговора, за и во имя нового мирового порядка, в котором Соединенные Штаты будут продолжать играть ведущую роль.

Глава 10

Диктатуры редко проявляются как таковые

Диктатуры часто рождаются в другой форме и редко носят полную форму репрессий. Феликс Дзержинский ходил по Москве, похожий на русского крестьянина из деревни, со старой, плохо сидящей узкой кепкой, нахлобученной на затылок. Оттуда он пересел на старый Rolls-Royce, чтобы бороздить улицы Москвы. Ядра страшной сталинской тайной полиции начали формироваться в 1905 году, после русско-японской войны. Ужасные большевики не "пришли" внезапно в 1917 году.

Когда Юлий Цезарь перешел Рубикон между гражданской и военной властью с римским легионом, традиция защиты гражданского правительства от жаждущих власти победоносных генералов была нарушена, и началось радикальное изменение от Римской республики к Римской империи.

Сходство между событиями, о которых я только что упомянул, и нынешней администрацией Буша заметить довольно легко, особенно в том, что касается огромных военных расходов. Отцы-основатели предупреждали нас, что постоянная армия в конечном итоге станет угрозой нашей свободе.

Прочитайте слова Святого Георгия Такера:

> "Всякий раз, когда сохраняются постоянные армии, права народа, свобода, если еще не уничтожены, то скоро будут уничтожены."

Прежде всего, высший закон страны, Конституция США, нарушается присутствием крупных вооруженных сил США в Ираке, где они не имеют законного права находиться в соответствии с Конституцией США или международным правом. Опасаясь, что Цезарь станет царем и верховенство закона будет поставлено под угрозу (звучит знакомо?), сенат не одобрил радикальные изменения, проведенные Цезарем, и убил его. В ходе последовавших за этим гражданских войн внучатый племянник Цезаря Октавиан стал первым римским императором Цезарем Августом. Отцы-основатели Америки были учеными людьми. Они знали историю Греции и Рима и хотели избежать повторения истории в новом молодом государстве.

С самого начала существования нашей Республики конституционные анархисты, работающие втайне, стремились уничтожить высший закон страны - Конституцию Соединенных Штатов и Билль о правах. Тем самым они попытались извратить принцип, согласно которому Конституция является высшим законом страны и что только Конституция в том виде, в котором она была написана, является единственным способом существования справедливого и честного правительства. Слова достопочтенного Ханниса Тейлора следует закрепить и принять к сведению с осторожностью и заботой:

> *"Ваш заявитель утверждает, что история нашей Конституции, взятая в целом, состоит из серии попыток обойти ее всякий раз, когда ее положения становятся неудобными для определенного класса в определенное время."*

Ханнис Тейлор обратился в Сенат с просьбой остановить вопиющее злоупотребление властью и нарушение присяги президентом Вильсоном, призвавшим ополчение для участия в Первой мировой войне, на что у него не было полномочий. Если бы он был жив сегодня, Тейлор наверняка подал бы новое прошение:

> "Петиция, которую мы представляем на суд народа

Соединенных Штатов, свидетельствует о том, что никогда в нашей истории наша нация не была в большей опасности, чем сегодня, в 2006 году, из-за преднамеренного уничтожения Конституции Соединенных Штатов. Приход к власти Республиканской партии войны и ее лидера, назначенного Верховным судом, судьи Джорджа Буша, был стремительным и стал абсолютной катастрофой для американской нации. Две политические партии объединились в сговоре с целью поражения Конституции. "

Вудро Вильсон, социалист, маскировавшийся под демократа, был одним из худших в ряду неконституционалистов, которые до сих пор занимали Белый дом. Он разрушил таможенную систему, втянул Соединенные Штаты в Первую мировую войну и наделил себя полномочиями, которыми исполнительная власть не должна была обладать. Вильсон поставил американскую нацию на путь диктатуры, которая всего за несколько десятилетий превратилась в нынешнюю реальность. Республиканская партия (за исключением Боба Ла Фоллетта) в основном помогала и пособничала Вильсону в его ужасных преступлениях против нации, не последним из которых было открытие двери международному социализму.

Гитлер допустил пожар в Рейхстаге, чтобы вызвать кризис. Судебная и законодательная ветви власти рухнули, открыв дверь для правления по указу. Таким образом, указы Гитлера стали законом. Немецкий народ принял это диктаторское правление из-за созданной атмосферы кризиса и террора. Декрет о защите народа и государства (28 февраля 1933 года) приостановил гарантии свободы личности и разрешил арест и тюремное заключение без суда. Закон о полномочиях (23 марта 1933 года) передал законодательную власть Гитлеру, наделив его правом принимать законы (прокламации, которые сейчас называются исполнительными приказами), которые сегодня широко используются в США и которые отступают от Конституции, делая ее неэффективной.

Большевики были в десять тысяч раз хуже. Они не притворялись, что у них добрые намерения. Они открыто сговорились лишить Россию статуса национального государства и развалить ее. Благодаря Британии и США кровавый революционный захват власти большевиками удался, и они открыто совершали самые ужасные злодеяния, которые когда-либо видели, зная, что пользуются молчаливым одобрением США и Британии. Большевистские революционеры захватили абсолютную власть, и их власть стала тиранической. Это остается одним из лучших примеров того, что Уэллс называл "открытым заговором".

Конституция США запрещает абсолютную власть. Конституция США определяет абсолютную власть как "произвольную власть". Он запрещает осуществление произвольной власти и осуждает так называемые "законы", такие как Патриотический акт, который учреждает секретные суды и агентства, занимающиеся массовой слежкой за людьми. Разве сегодня Соединенные Штаты находятся в состоянии, близком к состоянию СССР в 1931 году? Ответ - да. Римская империя не была основана на какой-либо идеологии. Она была основана на голой силе. И всякий раз, когда римский народ начинал тревожиться по этому поводу, армия начинала войны ради их "безопасности и защиты", что позволяло населению молчать, ошибочно полагая, что то, что делает римская армия, идет на благо граждан Рима. Разве поведение администрации Буша не является идеальным наложением Римской империи?

Хозяева Французской революции утверждали, что она основана на свободе, братстве и равенстве, но вскоре она превратилась в тоталитарный режим (под видом народной демократии), сопровождаемый институциональным насилием и правлением по указу. Диктатура Гитлера была в значительной степени личной и основывалась на программе, разработанной в оккультных ложах масонской организации "Общество Туле".

Диктатура, возникшая в результате большевистской революции, была основана на упрощенном типе идеологии; идеологии диктаторского правительства, которое Ленин объявил диктатурой Коммунистической партии над русским народом. Ленин сказал:

> "... Которая опирается непосредственно на силу, не будучи ничем ограничена, не будучи ограничена никаким законом или абсолютным моральным правилом".

Неужели думающие люди в США сегодня не видят сходства между большевиками и сегодняшней сильно инфильтрированной Республиканской партией? Диктатура коммунистической партии правила только принуждением, без каких-либо ограничений или запретов, используя тайные суды, тайные процессы, тайные пытки, тайные тюрьмы и казни, с массивным государственным аппаратом, чтобы держать народ в страхе и трепете и не смея подвергать сомнению новое правление террора. Тем не менее, Вильсон аплодировал большевикам и заявлял, что "в России произошло нечто замечательное (или похожие термины)".

Вильсон мог так говорить, потому что он был глубоко убежденным социалистом, которого поставили на пост президента, чтобы разрушить Конституцию США, чтобы принести в Соединенные Штаты социализм - цель, к которой стремились все последующие президенты. Более того, Вильсон предположительно рассматривал Россию как модель для будущих Соединенных Штатов Америки.

Как и Вильсон, Франклин Д. Рузвельт был едва скрываемым социалистом. Его приход к власти был достигнут благодаря искусственной ситуации, которую он и его кабинет спланировали в Перл-Харборе. Перл-Харбор не только уничтожил жизни и имущество, он дал Рузвельту *оправдание*, лицензию *на то*, *чтобы* разрушить Конституцию США до неузнаваемости, и он сделал это при пособничестве (за несколькими заметными исключениями) людей из Демократической и Республиканской партий.

Рузвельт вписал разделение властей в свою фальшивую декларацию "Война с бедностью", и сегодня этот краеугольный камень Конституции настолько подорван, что вся Конституция готова рухнуть.

Слияние полномочий было *подчеркнуто* с помощью *фиктивного* Закона о военных полномочиях. Мы уже видели варианты такой же фальшивой "передачи полномочий" судебной власти после вторжения в Ирак в 1991 году, осуществленной кротким и мягким Конгрессом, когда Конгресс знал, что он не может сделать ничего подобного. Полномочия по вопросам войны и мира принадлежат исключительно Конгрессу, но Рузвельт взялся за работу со своим отбойным молотком и, наконец, разрушил этот барьер. В Конституции США нет никаких полномочий, явных или неявных, которые позволили бы создать ЦРУ, ФБР, АНБ, НРО, АТФ; FISA, "Банду восьми": секретные суды, секретные бюджеты, закрытые заседания, секретные тюрьмы и секретные пыточные камеры.

Конституция США не предусматривает никаких полномочий под названием "исполнительный приказ", потому что "исполнительный приказ" равносилен законодательству, а исполнительной власти категорически запрещено законодательствовать.

Магистрат - что является более правильным названием, чем "президент" - существует для того, чтобы исполнять законы, принятые законодательным органом, и ни для чего другого. Все исполнительные приказы являются ложными, за исключением тех, которые сначала были обсуждены законодательным органом, приняты Конгрессом, а затем переданы президенту для объявления как акт Конгресса, а не как акт президента. В Конституции Соединенных Штатов нет полномочий, выраженных или подразумеваемых, которые предоставляют правительству какие-либо полномочия, кроме тех, которые перечислены в делегированных полномочиях, Статья I Раздел 8 Пункты 1-18; и нигде нет полномочий на ведение войны или мира, предоставленных исполнительной власти, и правительство или любая из его ветвей или должностных лиц не имеет полномочий изменять или приостанавливать действие Конституции, кроме как посредством конституционной поправки, представленной на ратификацию штатам.

Даже в этом случае это будет не "поправка", а акт о создании новой конституции. Но Рузвельт проигнорировал эти ограничения и предоставил себе "военные полномочия", а республиканцы, за несколькими заметными исключениями, пошли на этот захват власти.

Сегодня президент Буш утверждает, что обладает "военными полномочиями, предоставленными ему Конгрессом", и приступил к созданию агентств, которые радикально изменили форму Конституции и разорвали гарантированные ею средства защиты. И демократы, в общем и целом (сенатор Джозеф Либерман - хороший пример одного из них), последовали за судьей Белого дома.

И Республиканская, и Демократическая партии используют уловку "исполнительных приказов", чтобы обойти ограничения Конституции США.

Таким образом, обе стороны угрожают 10 поправке и своими действиями угрожают самому государству Союз, поскольку исполнительный приказ - это угроза обеих сторон ликвидировать республиканскую форму правления, гарантированную учредителями отдельным штатам и закрепленную в 10 поправке к Конституции США.

Конституция США - Поправка 10 Полномочия государства и народа

Полномочия, не делегированные Конституцией Соединенным Штатам и не запрещенные ею штатам, сохраняются за штатами соответственно или за народом.

Исполнительный приказ" (такой же, как декреты Ленина и Сталина) разрушает эту гарантию, фактически и на деле уничтожая 10 поправку, делая ее недействительной.

В силу этой прямой атаки на права штатов, гарантированные штатам отцами-основателями, штаты имеют полное право выйти из состава Союза в условиях, созданных Конгрессом; более того, это их обязанность выйти из состава Союза. Рузвельт, социалистический и демократический диктатор, смог подмять под себя Верховный суд и низвести Соединенные Штаты до уровня большевистской России. Республиканцы позволили этому случиться, опять же, за несколькими заметными исключениями.

Сенатор Шелл, запись в Конгрессе, Сенат:

> *Со времен Вильсона идет постоянная борьба за то, чтобы вернуть нас на уровень Европы. Тот же самый персонал, что и во времена Вильсона, та же самая команда разрушителей, которая втянула нас в войну и разрушила нас, теперь стоит во главе (в кабинете Рузвельта).*

> *Первым "благородным" опытом президента, когда он вступил в должность, был поиск способа найти то, что ему не разрешалось делать, поиск тайного способа провести что-то через себя. Такая возможность появилась, когда Флоренс Келли подарила ему книгу фабианских социалистов "Новый курс".*

Не правда ли, все это звучит очень знакомо? В чем разница между мнимой "войной с бедностью" Рузвельта, созданной его генеральным прокурором, и фальшивой "войной с террором", навязанной американскому народу королем Джорджем Бушем, принцем Ричардом Чейни и бывшим великим герцогом Дональдом Рамсфельдом? Короче говоря, разницы нет. В 1933 году американский народ был обманут, а в 2001 году он был обманут во второй раз.

Глава 11

Расторжение пакта

В течение первых семи лет 21 века Соединенные Штаты трубили о себе как о стране демократии, гражданской свободы и справедливости для всех. Но так ли это? Во-первых, наши отцы-основатели заявили, что не хотят иметь дело с демократией, и поэтому создали Соединенные Штаты как республику.

Один из главных критиков среди делегатов Конвенции, губернатор Вирджинии Рэндольф, выразил свою озабоченность по поводу демократии:

Наша главная опасность исходит от демократических партий наших конституций... Ни одна из конституций не обеспечивала достаточных сдержек демократии... Зло, которое мы знаем, проистекает от избытка демократии... народ не был лишен добродетели, но был одурачен так называемыми патриотами.

Если внимательно посмотреть на массивную систему шпионажа "Эшелон", используемую неконституционной организацией, Агентством национальной безопасности (АНБ), для слежки за американскими гражданами в объеме, намного превосходящем все, что когда-либо делали Ленин или Сталин, то можно быстро понять, что США фактически создали настоящую зарождающуюся диктатуру. И самое ужасное, что и демократы, и республиканцы последовали этому примеру без единого ропота протеста. Играет ли идеология роль в формирующейся американской диктатуре? Категорически нет. Гибель Американской республики имеет много общего с развитием истории. Линкольн был первым американским диктатором. Это звучит жестко, но есть убедительные доказательства в пользу этого. Линкольн оправдывал свою диктатуру во имя сохранения Союза. Его внеправовые и внеконституционные методы (такие как приостановление действия habeas corpus и введение военного положения) были допущены для того, чтобы подавить оппозицию Севера войне Линкольна против отделения Юга, акта отделения, который был законным и конституционным.

Южные штаты имели полное право и даже обязанность выйти из состава Союза, поскольку Линкольн нарушил 10 поправку, которая гарантировала им республиканскую форму правления во время существования Союза. И Линкольн солгал, назвав попытку отделения восстанием. Это позволило ему призвать ополчение и "приостановить" действие habeas corpus. Разве мы не видим отголоски этого в лжи о несуществующем "оружии массового уничтожения" Ирака и в массе произвольных законов, нагроможденных друг на друга, все из которых лишили нас любого остатка защиты, которую когда-то обеспечивала Конституция США? Если мы останемся неспособными увидеть это, то Бог поможет американскому народу.

Первая серьезная атака на Конституцию США после Линкольна исходила от магистрата Вильсона, который взял на себя десять полномочий, на которые у него не было права. Опять же, республиканцы позволили ему это сделать и даже поддержали его объявление войны против Германии, когда более 87% американского народа были против этого.

Атака на разделение властей, которое является краеугольным камнем нашей политической системы, произошла в ответ на кризис Великой депрессии, вызванный администрацией Рузвельта. Новый курс" (из одноименной книги фабианских социалистов, о которой рассказывается в моей книге "*Социалистическая диктатура* единого *мирового порядка"*)[6] привел к тому, что Конгресс делегировал свои законодательные полномочия исполнительной власти, полностью отменив Конституцию. Сегодня, когда Конгресс утверждает закон, это не более чем разрешение агентству исполнительной власти принять закон путем написания нормативных актов, которые затем вводятся в действие ложными прокламациями, называемыми "исполнительными приказами".

Все законы должны быть ясными, жестко прописанными и четко определенными. До *Нового курса* законодательство было строго прописано, чтобы не позволить судьям вставлять свои пристрастия между строк Конституции, что было воплощено в 9 поправке к Конституции США, которая является ограничением на то, чтобы президенты и/или судьи выражали свои собственные идеи так, как если бы они были в Конституции. Другими словами, никакое "понимание" исполнительной власти, ведущее к изменению, по праву не допускалось, и таких незаконных "заявлений о подписании" в Конституции нет.

Исполнительная власть занимается исполнением закона, а не его толкованием. Агентство национальной безопасности (АНБ) - опасный пример того, что происходит, когда пренебрегают 10 поправкой.

Республика не должна управляться таким образом. "Позволяя" исполнительным приказам становиться законом, закон больше не подотчетен народу. Если судья, который исполняет закон, также пишет закон, то мы высмеиваем "все законодательные полномочия, которыми наделены избранные представители в Конгрессе".

Народ, суверен, в этом случае лишается гражданских прав, нарушается его Конституция и нарушается принцип разделения властей. Разве это не повод для штатов,

---

[6] *Диктатура социалистического мирового порядка*, Джон Коулман, Omnia Veritas Ltd, www.omnia-veritas.com.

нарушаемых так называемыми "исполнительными приказами", выйти из состава Союза? Нет никаких сомнений в том, что это именно так.

Я утверждаю, что это главная причина для выхода из Союза. Принцип, согласно которому власть, делегированная народом Конгрессу, не может быть передана Конгрессом исполнительной власти, является основой американской республики и ее Конституции.

Пока президент Линкольн не отменил этот принцип, исполнительная власть не играла абсолютно никакой роли в интерпретации закона и создании собственных агентств для обеспечения соблюдения этой интерпретации. Это именно то, на чем была основана Римская империя и почему она рухнула. Соединенные Штаты пройдут тот же путь, если эта гангрена не будет быстро остановлена.

Судья Джон Маршалл Харлан писал:

> *То, что Конгресс не может делегировать законодательные полномочия президенту, является общепризнанным принципом, жизненно важным для целостности и поддержания конституционно упорядоченной системы правления.*

Семь десятилетий имперского президентства, которое было призвано быть не более чем простой магистратурой, начиная с социалистического президента Вильсона, нарушившего разделение властей, разрушили эту целостность, и до сегодняшнего дня Республиканская партия войны и ее юристы продолжают писать "мнения" для имперского президента, решительно настроенного сосредоточить больше власти в исполнительной власти, независимо от того, насколько вопиюще неконституционной она является. Именно они велели магистрату постоянно называть себя "главнокомандующим", создавать для себя несуществующие полномочия, - а Конгресс позволил гангрене распространяться без каких-либо попыток ее контролировать. АНБ является результатом имперского президентства, так же как оно было результатом преобразованной Римской империи при Цезаре. Решительное стремление к расширению полномочий президента возникло еще до администрации Буша, и в опасной степени разгорается во время второго срока президента Г.У. Буша в 2007 году.

Утверждение кандидатуры Буша Сэмюэля Алито, члена Федералистского общества, в Верховном суде и подтвержденного сторонника слияния полномочий в пользу судьи за счет Конгресса, обеспечит пять голосов в пользу опасного расширения президентской власти, которое приведет к установлению в США полноценной диктатуры.

Президент Буш сотни раз использовал "заявления о подписании", чтобы изменить смысл законов, принятых Конгрессом. Происхождение этой власти понятно. Она выросла из извращения Конституции, которое началось с Линкольна, было расширено при Вильсоне и еще больше извращено при Рузвельте.

Например, Буш заявил, что он имеет право игнорировать поправку Маккейна против пыток, игнорировать закон, требующий ордера на шпионаж за американцами, игнорировать запрет на бессрочное содержание под стражей без предъявления обвинения или суда, а также игнорировать Женевские конвенции, которые подписали США. Он также утверждает, что может объявить войну и внутренний шпионаж как часть этой войны. Буш претендует на полномочия, которые были захвачены Вильсоном.

Его апологеты Федералистского общества и ставленники Министерства юстиции утверждают, что президент Буш обладает такими же полномочиями по толкованию Конституции, как и Верховный суд. Откуда они берут это утверждение? Конечно, не из Конституции США, в которой четко сказано, что исполнительная власть - это не более чем магистрат, которому поручено следить за исполнением законов, принятых законодательной властью. Генерал Ли однажды сказал, что президент - это не более чем магистрат, который должен выполнять приказы Конгресса. Здесь нет равенства между президентом и Конгрессом.

Верховный суд, в котором заседает Алито, скорее всего, согласится с такими необоснованными и ложными утверждениями. Нет большей опасности для Республики Соединенных Штатов, чем этот вопрос, даже беспорядок, который мы создали в Ираке. Это самый важный вопрос для народа, возможно, по уровню кризиса он сравним с Гражданской войной. Но люди в шоке, благодаря Тавистокскому институту и шакалам из СМИ, которые отодвинули роль Альто на задний план, подстроившись под политические баталии по поводу абортов и прав геев.

Многие люди поддерживают Буша - и это особенно верно в отношении христианских правых - потому что они считают, что борются против узаконивания содомии и убийства в утробе матери, и что, поддерживая президента Буша, который, по их мнению, противостоит мусульманскому миру и "либералам", они "поступают правильно". Они печально заблуждаются, когда просыпаются, узнав о Новом мировом порядке - мировом правительстве.

Большинство американского народа не знает, что реальный вопрос заключается не в так называемой "войне с террором" (которая является таким же мошенничеством, как и "война с бедностью" Рузвельта), а в войне против злых людей, которые стремятся уничтожить Конституцию, потому что она стоит на пути их планов по установлению нового мирового порядка.

Большинство американского народа совершенно не осознает, что эти люди собираются возвысить исполнительную власть над законодательной и судебной. Их президент будет выше закона. Джон Ю, сотрудник Министерства юстиции Буша и профессор права Беркли, утверждает, что ни один закон не может ограничить президента в его роли главнокомандующего. Таким образом, оказавшись в состоянии войны (а это не так) - а они объявляют миазмы в Ираке "открытой войной с терроризмом" (хотя открытая война запрещена конституцией, поскольку ни одна война не может финансироваться более двух лет), они утверждают, что Буш не может быть подвержен какому-либо контролю как "главнокомандующий". Я считаю, что Джон Ю не знает Конституции. Министерство юстиции Буша утверждает, что президент может свободно предпринимать любые действия по ведению войны, включая пытки, бессрочный шпионаж и задержание американских граждан без того, чтобы судебные органы "вмешивались" в его решения.

Главнокомандующий - это роль, "достаточно широкая, чтобы распространяться на любой кризис", реальный или искусственный. Тот факт, что Министерство юстиции и его юристы-федералисты на 100% не правы и что президент не является и не может быть главнокомандующим в мирное время (нынешнее состояние страны), и поэтому это звание не может быть ему присвоено, и что, даже если бы оно было присвоено ему после объявления войны, президент все равно не имеет военных полномочий, не имеет для них никакого значения. Поэтому мало кто сомневается, что Соединенные Штаты оказались на пороге зарождающейся диктатуры. Маловероятно, что развивающийся конституционный кризис - возможно, начало второй американской революции - достиг уровня сознания американского народа, который до сих пор не осознал, что Конституция попирается как никогда ранее в его истории и вот-вот будет низведена в ранг недействующей Magna Carta.

Постепенный переход Америки к диктатуре - это результат исторической эволюции, которая началась с Линкольна и была расширена серией президентов, разжигавших ожесточенные конфликты, даже старые политические сражения, восходящие к Гражданской войне. Так называемый "конституционный кризис", разразившийся, когда президент Никсон был смещен демократическим Конгрессом, является лишь тенью нынешнего конституционного кризиса. Главное отличие в том, что шакалы СМИ, чей ночной вой в небе Вашингтона сыграл такую важную роль в Уотергейте, сейчас жутко молчат, наблюдая за тем, как Конституция проходит через мясорубку.

По состоянию на конец последнего квартала 2007 года, конституционных партий больше нет. Обе политические партии, большинство конституционных юристов и ассоциаций адвокатов отказались от Конституции и охотно приводят ее в негодность всякий раз, когда она мешает их антиконституционным планам. Американцы забыли отцов-основателей и последующее поколение; они забыли кровь и жертвы наших благородных предков в их великой борьбе за свободу и справедливость для всех. Американский народ собирается потерять свою конституционную систему и гражданские свободы - навсегда. Новый мировой порядок станет реальностью, если Конституция не будет восстановлена на своем законном месте, а это означает избавление от внутреннего шпионажа любыми средствами, запрет всей внутренней деятельности ЦРУ, АНБ и FISA. Это также означает избавление от Закона о национальной безопасности, Патриотического закона, Закона о водительских правах, радикальное сокращение исполнительной власти и возвращение ее к надлежащей функции - функции магистрата, призванного защищать законы Союза. Поправки 2, 4, 5 и 10 должны быть подняты до их главенствующей роли, и страна снова должна стать нацией законов, а не всемогущих людей.

Если этого не произойдет, Соединенные Штаты, как их представляли себе наши отцы-основатели и последующее поколение, обречены на разрушение. Если мы хотим предотвратить такую катастрофу, мы, народ, суверенные владельцы Конституции США, должны направить делегации в Палату представителей и Сенат каждой из 50 суверенных и независимых наций, входящих в состав Соединенных Штатов, и потребовать от наших представителей вернуть Соединенные Штаты к конституционному правлению.

Если нет, то они должны быть принуждены к отставке с

помощью средств, предусмотренных Конституцией суверенного народа. Мы должны потребовать от делегатов, чтобы слова представителя Денисона, содержащиеся в "Глобусе Конгресса" от 31 января 1866 года, страницы 546-549, были приведены в действие немедленно, без каких-либо задержек:

Таким образом, когда они создали эту правительственную организацию, которую они назвали Соединенными Штатами, штаты имели право в соответствии с Конституцией делегировать определенные полномочия и право делать определенные вещи, поставить делегированные полномочия под контроль федерального большинства и оставить определенные полномочия для контроля народа каждого штата, осуществление и контроль которых не подлежали никакой другой власти.

Если штаты абсолютно и безоговорочно зарезервировали за собой эти полномочия, то они не могут быть отняты двумя третями голосов этой палаты и тремя четвертями голосов штатов, так же как большинство акционеров банка, в котором я могу иметь акции, может забрать мою лошадь или мою ферму в пользование корпорации, потому что штаты никогда не помещали эти зарезервированные полномочия в пул полномочий, контролируемых федеральным большинством.

Что касается этих зарезервированных полномочий, то после принятия Конституции условия были такими же, как и раньше. Народ каждого государства составлял суверенитет до принятия этого документа. Они были в равной степени суверенны в отношении зарезервированных прав после ее принятия, и они не могут быть изъяты, кроме как по воле каждого штата, если только в Конституции не предусмотрено что-либо, разрешающее это; ибо штат, как и отдельный человек, не может быть связан дальше, чем он согласен связать себя сам.

Отказались ли штаты от этих прав, согласившись на внесение поправок в Конституцию? Если это так, то эти полномочия не были абсолютно зарезервированы, а лишь сохранены до тех пор, пока федеральное большинство, представленное двумя третями Палаты представителей, и три четверти штатов не решат передать их против воли народа штата, или пока одна четверть штата или три четверти штатов не решат передать их против воли народа штата. Или это может быть четверть штатов, их соответствующих штатов, в пользу федерального правительства. Это должно быть урегулировано Конституцией, и я думаю, что это так...

Наиболее важной особенностью 10 поправки является то, что она устанавливает границы федерального правительства, которое является правительством делегированных, а не изначальных полномочий. Это делает невозможным для правительства завладеть какой-либо властью путем умозаключений.

Право, которое должно быть принято или осуществлено, должно быть четко выражено в Конституции, иначе оно не может быть принято или осуществлено. Статья 5 предусматривает право на внесение поправок, но не на создание чего-то нового. Это не будет поправкой к отмене Конституции и принятию Коммунистического манифеста 1818 года или республиканских законов Франции.

Поправка должна быть чем-то, что относится к документу, это должно быть что-то, что уже есть в Конституции, иначе она не пройдет проверку на соответствие поправке. Но проект новой Конституции будет обязательным только для тех штатов, которые согласятся быть связанными им, и он может стать частью Конституции, только если все штаты примут его.

(Из книги "*Что вы должны знать о Конституции США*, пересмотренное и обновленное издание 2007 года").

Мы приглашаем вас читать и перечитывать это важное послание до тех пор, пока вы не будете знать каждое слово, каждую строчку, потому что в этом послании содержится четкое предупреждение о том, что администрация Буша пыталась и все еще пытается разработать новую Конституцию без консультаций со штатами через национальный референдум; эта новая Конституция должна быть одобрена всеми 50 штатами.

Те, кто не согласен с новой Конституцией, не связаны ею и обязаны выйти из старого, распавшегося Союза. Действительно, их долг как суверенных штатов - предпринять необходимые шаги для отделения, как только федеральное правительство нарушит первоначальный договор, что администрация Буша при попустительстве Конгресса уже сделала. Мы представляем следующие действия как доказательство того, что администрация Буша уже нарушила договор, установленный в качестве высшего закона страны, и поэтому виновна в беззаконии.

Об этом свидетельствует осуществление произвольной власти, запрещенной Конституцией США, с принятием следующих неконституционных законов:

➢ Вторжение и военное нападение на Ирак без объявления войны.

➢ Конгресс якобы "дал" или "предоставил" президенту "разрешение" или "полномочия" напасть на Ирак без причины и без какого-либо положения в Конституции США, санкционирующего такое нападение, что само по себе является явным нарушением Статьи 4 Конституции США.

➢ Поскольку нет такого полномочия "давать" или "предоставлять" президенту военную власть, прямо запрещенную исполнительной власти Конституцией США, Конгресс действовал с вопиющим нарушением высшего закона страны и поэтому должен быть немедленно отстранен от должности.

➢ Конгресс и президент вступили в сговор и нарушили разделение властей, а президент взял на себя полномочия, на которые он не имеет права, но которые ему прямо запрещены.

➢ Приняв на себя звание главнокомандующего, когда Конгресс не давал ему этого временного титула, и взяв на себя полномочия, полностью нарушающие 10 поправку к Конституции США.

➢ Отправив ополченцев сражаться в чужой войне.

➢ Через принятие Патриотического акта и Закона о национальной безопасности, оба неконституционные, грубо нарушающие 10 Поправок и сводящие на нет 10 Поправок.

➢ Путем "создания новой Конституции" путем принятия неконституционных законов без представления этих мер на утверждение штатов в порядке, предусмотренном Конституцией США.

➢   Шпионаж за американским народом в нарушение Четвертой поправки.

Это лишь некоторые из многочисленных актов разложения Конституции США, осуществленных администрацией Буша при попустительстве и согласии обеих политических партий. Поэтому я утверждаю, что штаты, желающие сделать это, имеют право выйти из состава Союза, если эти незаконные действия не будут немедленно отменены Конгрессом.

В отсутствие таких действий по аннулированию Конгресса, народ должен созвать своих собственных генеральных прокуроров и присяжных. Эти большие присяжные в каждом штате должны выдвигать обвинения против исполнительной власти и Конгресса за каждое нарушение Конституции США.

Затем жители штатов должны направить своих представителей в Вашингтон, чтобы проинформировать федеральное правительство о своих действиях и потребовать немедленного принятия мер по исправлению ситуации. Если такие корректирующие действия не будут предприняты немедленно, суверенный народ суверенных государств должен отозвать своих представителей в Палате представителей и Сенате, тем самым сделав их недействующими. Мы надеемся, что среди нас есть люди калибра Патрика Генри, Джорджа Такера, Томаса Джефферсона и Генри Клея, люди, у которых есть силы и мужество действовать, чтобы предотвратить превращение Соединенных Штатов в виртуальную диктатуру.

Вторжение в Ирак в 1991 году и второе вторжение в Ирак выходили за рамки Конституции США и поэтому не могут быть признаны законными. Только по этой причине Конгресс имеет право приказать американским военным вернуться в США со всем своим оборудованием в течение 45 дней после объявления на совместном заседании Палаты представителей и Сената. Меры по возвращению конституционного правительства "Мы, народ" соответствуют заповедям и принципам Конституции США как средства правовой защиты, доступные суверенному народу суверенных государств.

Альтернатива - ничего не предпринимать в отношении беззаконной войны, бушующей в Ираке, и наблюдать, как на наших глазах происходит превращение Республики Конфедерации в диктатуру. И это возможно только при полном сотрудничестве самодовольных СМИ, которые поддерживают правительство по полной программе, другими словами, при превращении в открытый заговор, о чем свидетельствует следующее.

Пресса: фактор соответствия

Вопрос о контроле над прессой (печатной и электронной) вышел из стадии заговора и теперь стоит на повестке дня. Некоторые американцы до сих пор обманываются, полагая, что Система общественного вещания (PBS) является независимым и единственным оставшимся источником правды и света. К сожалению, это не так.

Об этом говорится в недавнем докладе Кеннета Й. Томлинсон, президент Корпорации общественного вещания (СРВ), по собственной инициативе и без одобрения совета директоров назначил двух омбудсменов для проверки содержания Национального общественного радио (NPR) и Службы общественного вещания (PBS), чтобы исправить то, что он считает вопиющей либеральной предвзятостью.

Омбудсмены Кен Боде (член так называемого консервативного Института Хадсона и с 1998 по 2002 год декан Школы журналистики Медилл при Северо-Западном университете) и Уильям Шульц (пенсионер из *"Ридерз Дайджест"*, где Томлинсон провел большую часть своего рабочего времени) якобы посвятили себя стремлению к объективности, но правда заключается в том, что они не узнали бы объективность, если бы она предстала перед их лицом.

Уверенной американской публике, отчаянно ищущей "правду" на общественном телевидении, уже давно говорят, что "эта программа стала возможной отчасти благодаря финансированию таких зрителей/слушателей, как вы", и в то же время донимают неизбежными умоляющими призывами отдельных радио- и телестанций "стать участником", сделав пожертвования. Обычно таким обращениям посвящается добрых полчаса каждой программы, а иногда и больше.

Действительно ли такая тактика необходима? Почему PBS должна умолять о пожертвованиях, когда факт в том, что эти членские взносы составляют лишь 26% от общего бюджета, расходуемого СРВ? На корпорации и благотворительные фонды приходится в общей сложности 22,8%, а федеральное правительство занимает третье место с 15,3%. Что не так с этой фотографией?

Во-первых, индивидуальные доноры не имеют организованного голоса в определении или контроле содержания программ. Жалобы на предвзятость со стороны правых фондов и телекоммуникационной индустрии мешали федеральному правительству, которое выбирает совет директоров - совет, который, естественно, отражает желания крупнейших доноров и имеет наибольший вес. Нынешний состав правления CPB состоит из пяти республиканцев, двух демократов и одного "независимого".

Как уже упоминалось ранее, президент Кеннет Томлинсон большую часть своей карьеры до 1996 года работал в журнале *Readers Digest*, который и после всех этих лет остается любимым изданием американцев, у которых нет времени читать статью целиком. Похвала Томлинсона "консерватором" Уильямом Ф. Бакли в National Review говорит сама за себя:

> "Многие считают его последним великим редактором журнала... Большинство редакторов журнала были наняты Томлинсоном, и практически все они, как и сам Томлинсон, были политическими консерваторами. "

Это были люди, которые, по-видимому, были созвучны с мыслями Ньюта Гингрича, который сказал:

> "Я не понимаю, почему это называется общественным вещанием. Насколько я понимаю, в этом нет ничего общественного; это элитарное предприятие. Раш Лимбо - это общественная служба. "

(При этом игнорируется тот факт, что Лимбо был завербован и получил статус богатых республиканцев, которые хотят, чтобы их взгляды продвигались).

Взгляд Томлинсона на роль СМИ сложился благодаря его карьере в "Голосе Америки" (VOA), созданном для пропагандистских целей в 1942 году во время Второй мировой войны и реорганизованном в 1953 году в филиал более скромного Информационного агентства США.

В 1998 году в результате перестановки кадров VOA было передано в ведение Совета управляющих по вопросам вещания (BBG). Кеннет Томлинсон сейчас является председателем BBG и CPB, и нет сомнений, что он подвергает американскую общественность пропаганде в том же стиле, что и та, что готовится для "врага". Хотя у меня нет возможности доказать это, опыт наводит меня на мысль, что Институт Тавистока мог стать путеводной звездой для этих изменений. В портфеле компании Tavistock имеется большое количество счетов правительства США и частных компаний.

Речь Томлинсона перед подкомитетом Сената по международным операциям и терроризму в конце апреля 2005 года вполне могла быть написана для него покойным Эдвардом Бернейсом или даже Беатрис Уэбб:

> Придерживаясь западных журналистских стандартов, объективно и точно освещая события, "Альхурра" [что означает "свободный" - новая арабоязычная телевизионная сеть, дочерняя компания Би-би-си] может завоевать доверие, необходимое нам для формирования аудитории и предложения ближневосточной общественности нового и сбалансированного взгляда на мировые события. Пока критика со стороны арабской прессы продолжается, мы поддерживаем связь с людьми - нашей целевой аудиторией - и они присылают нам сотни писем с приветствиями. Вы крайне необходимы, чтобы уравновесить необъективную информацию, контролируемую теми, кто полон ненависти к западному миру", - говорится в одном из них. Это первый шаг в борьбе с "культурой ненависти", которая питает терроризм", - сказал другой. Я надеюсь, что ваш канал [поможет] нашим арабским братьям [...] рассказать правду обо всем, что происходит". "

Однако сомнительно, что "Альхурра" сможет конкурировать с "Аль-Джазирой". Как будет передаваться вся эта "беспристрастная" правда? В марте 2005 года задача возглавить переход общественного вещания с аналогового на цифровое была возложена на Кена Ферри, нынешнего исполнительного директора СРВ. После четырехлетнего пребывания на посту председателя FCC Майкла Пауэлла - оба человека разделяют убеждение, что "жесткие рамки владения СМИ устарели в эпоху 200 кабельных каналов и Интернета" - Ферри, юрист по профессии (или специальности), применил свой юридический опыт, полученный в компании Goldberg, Wiener and Wright, для разработки новых правил владения СМИ и лицензирования. До июня 2001 года компания "Голдберг, Винер и Райт" представляла интересы частной спутниковой компании PanAmSat, основанной жителем Гринвича, штат Коннектикут, Рене Ансельмо.

Компания Ансельмо была первой и (крупнейшей) международной спутниковой сетью и тесно сотрудничала с Hughes Space and Communications Company (основанной Говардом Хьюзом в 1961 году), дочерней компанией Hughes Electronics, которая строила, запускала и обслуживала спутники связи PanAmSat.

Ферри представлял компанию PanAmSat в антимонопольной жалобе на COMSAT, американского члена международного консорциума под названием "IntelSat", который в то время имел основанную на договоре монополию на спутниковую связь. Прямым результатом этого судебного процесса стало разрушение монополии IntelSat и возможность PanAmSat стать лидером в отрасли цифровой связи.

После смерти Говарда Хьюза в 1976 году медицинский фонд, созданный им для владения компанией Hughes Aircraft Company в качестве безналогового траста, в 1985 году по решению федерального суда США был вынужден продать компанию из-за ее тесных связей с Hughes Aircraft и крайне малых благотворительных пожертвований. В ходе тендерной войны Ford и Boeing переиграли General Motors, чтобы приобрести компанию, а ее председатель сказал: "Электроника, мы верим, станет ключом к 21 веку". Предвидение, правда? Что не было известно в то время за пределами агентств оборонных закупок, так это то, что Hughes производила такие продукты, как микрочипы, лазеры и спутники связи - в дополнение к ракетам класса "воздух-воздух". Она была крупнейшим поставщиком электронного оборудования для армии и седьмым по величине оборонным подрядчиком.

Люди, являющиеся клиентами Direct TV, вероятно, не знают, что в 1994 году компания Hughes запустила собственные спутники (по лицензии DirecTV), чтобы "конкурировать" с PanAmSat. Всего два года спустя компания Hughes взяла под контроль своего конкурента, приобретя 81% акций PanAmSat, что дало Hughes (и ее материнской компании GM) контроль над всей спутниковой передачей данных в США, за исключением небольшой доли рынка, принадлежащей Echostar.

Благодаря этому процессу можно контролировать то, что увидит очень большое количество американцев, что является ценным инструментом формирования мнения. За пределами США Руперт Мердок - еще один австралийский спутниковый магнат, который в 1989 году основал сеть спутникового телевидения Sky, а год спустя выкупил ее конкурента British Satellite Broadcasting и стал British Sky Broadcasting.

В 1985 году, в тот же год, когда General Motors купила Hughes, Мердок приобрел семь независимых телевизионных станций в США и компанию Twentieth Century Fox Holdings. Эта комбинация создала первую новую телевизионную сеть с середины 1950-х годов. Затем Мердок распространил свою австралийскую газетную сеть на Британию, купив в 1968 году лондонскую газету *The News of the World*, а вскоре после этого - *The Sun*.

В 1976 году он приобрел газету *London Times*, в результате чего все они оказались под контролем News Corp, созданной в 1980 году. Мердок, высокопоставленный представитель Комитета 300, обеспечил себе фактическую монополию на то, что миллионы американцев и британцев будут видеть на экранах своих телевизоров и читать в газетах. Теперь можно было осуществлять долгосрочное проникновение и внутреннее кондиционирование миллионов людей и буквально "промывать им мозги".

Тихий переворот произошел без осознания происходящего британским и американским народом. В 1988 году News Corp. приобрела издания Triangle (включая TV Guide) у Уолтера Анненберга, друга Ричарда Никсона, которого он назначил послом США в Великобритании в 1969 году. В 1993 году влияние Мердока распространилось на Азию, когда он приобрел контрольный пакет акций азиатского канала Star-TV.

Но именно спутниковый рынок США был главной заботой Мердока. Чтобы уменьшить свой долг, News Corp. продала 18,6% акций *Fox Entertainment Network* за 2,8 миллиарда долларов в 1998 году, и еще 2,9 миллиарда долларов в 2001 году, продав *Fox Family Worldwide,* Inc. компании Disney. Насытившись деньгами, Мердок был готов купить *DirecTV* у Хьюза.

Не дожидаясь одобрения FCC (возможно, уже тайно переданного доверенными лицами), предложение EchoStar о покупке *DirecTV* было принято в октябре 2001 года. После демонстрации перед зданием Министерства юстиции в июле 2002 года, проведенной "группой христианских вещателей", FCC наконец объявила, что отклоняет предложенное слияние, чтобы избежать монополии, которая нанесет ущерб потребителям.

Постановление FCC, принятое в то же время, позволило компании Мердока News Corp. приобрести 34% акций Hughes, что позволило Мердоку назначить себя председателем совета директоров Hughes, но через год оно было отменено по апелляции Третьим окружным апелляционным судом, который вернул правила обратно в FCC для обоснования своих изменений. Тем не менее, Мердок продолжал свои программы спутникового телевидения, получая прибыль от продажи PanAmSat частной инвестиционной компании Kohlberg Kravis Roberts & Company (KKR), которая затем продала 27% акций спутников связи компаниям Providence Equity Partners и

Carlyle Group, оставив себе 44%. Вместе эти акционеры вывели свои акции на биржу в марте 2005 года, что утроило прибыль от их первоначальных инвестиций, сохранив при этом 55% голосующих акций. Carlyle Group, как большинство из нас знает, является одной из звезд в портфелях Комитета 300.

При анализе деталей недвижимости начинает проявляться закономерность. Нет сомнений, что сцена была создана, перейдя далеко за рамки заговора к открытому заговору, предусмотренному Уэллсом.

Тем временем, KKR и Carlyle Group (обе имеют тесные связи с семьей Бушей), все очень высокопоставленные чиновники Комитета 300, взяли под контроль наше телевидение. Действия Комитета 300 очевидны. По моему мнению, президент Рональд Рейган предоставил Мердоку преференции, разрешив ему выйти на рынок США, который строго контролируется FFC. На сайте Музея вещательных коммуникаций есть очень интересная статья - или, по крайней мере, была, когда я смотрел в последний раз:

> "Телевизионная сеть FOX смогла избежать соблюдения правил FCC о финансовых интересах и синдикации (FinSyn), сначала выпустив в эфир меньшее количество часов программ, чем необходимо для определения FOX как "сети", а затем получив временный отказ FCC от этих правил - действие, против которого активно выступали три другие вещательные сети.

> Кроме того, Мердок был главной мишенью в попытке сенатора Эдварда Кеннеди (который не был другом Комитета 300 со времен убийства его брата, покойного президента Джона Ф. Кеннеди, и в то время был частой мишенью газеты Мердока Boston Herald) отменить еще одно разрешение FCC, отказ от ограничений на перекрестное владение, которое не позволило бы Мердоку владеть газетами и телестанциями в Нью-Йорке и Бостоне. Конечным результатом настойчивых усилий Кеннеди стало то, что Мердок в конце концов продал *New York Post* (позже он получил новое разрешение,

которое позволило ему купить больную газету в 1993 году) и передал бостонское телевидение WFXT-TV в независимый траст. "

После продажи *The Daily Racing Form* семья Анненбергов стала богатой и "респектабельной" в *Hearst Newspapers*. Сын Мо Анненберга, Уолтер, который, будучи тиражным менеджером газет Херста, обратился за "советом" к Чарльзу "Лаки" Лучано и Мейеру Лански, чтобы они помогли ему "проконтролировать" тираж газеты *New York Daily Mirror*. Сомнительно, что Уолтер когда-либо интересовался методами, используемыми этими двумя людьми.

В 1926 году Анненберг ушел от Херста, чтобы работать полный рабочий день над своим изданием *Racing* Form, которое он продвигал, работая в газетах Херста. В 1927 году он приобрел контрольный пакет акций бюро "Маунт Теннес Дженерал Ньюс Бюро", известного как служба телеграфных сообщений на скачках, у человека, которого запугивал Аль Капоне. В 1929 году Анненберг заключил сделку с чикагской мафией, которая свела его с Мейером Лански, Фрэнком Костелло и Джонни Торрио. Затем Анненберг создал новую компанию, Universal Publishing Company, которая публиковала "настенные листы" и "твердые карты". На настенных листах были указаны скачки, лошади, жокеи, утренние коэффициенты и другая информация, которую использовали игроки, чтобы решить, как вложить свои деньги.

Несколько лет спустя, 27 августа 1934 года, Анненберг создал в Чикаго Nationwide News Service и вызвал гнев мафии Капоне. В результате Анненберг бежал, чтобы найти защиту у Мейера Лански, который в то время жил во Флориде. Лански договорился с Анненбергом, чтобы тот перевел свою службу новостей в Южную Флориду и получил часть акций в обмен на защиту Анненберга.

Некоторое время служба также работала с острова Парадайз на Багамах, где Лански руководил подставной компанией под названием Mary Carter Paint Company. В 1936 году

Лански примирился с мафией и позволил Анненбергу заключить сделку с синдикатом Капоне. Согласно достоверным источникам, Анненберг платил миллион долларов в год за защиту и мог свободно заниматься другими делами, не подвергаясь преследованиям киллеров.

Решив проблему с информационными агентствами, Анненберг купил газету, которая, по его мнению, имела "престиж и класс" (то, о чем всегда говорит Лански, но чего не *хватало* другим его предприятиям) - *Philadelphia Inquirer*. Анненберг многому научился с 1934 года и сумел увеличить общий тираж *Inquirer*. Он очень старался превратить ее в успешный инструмент и модель политики Республиканской партии и средство продвижения Нового мирового порядка, хотя и очень тонко.

Контакты его сына Уолтера с республиканцами привели к тому, что президент Ричард Никсон назначил его послом в Великобритании. Когда Уолтер Анненберг умер в 1994 году, в его некрологе, естественно, не упоминались эти тривиальные детали, поскольку он пожертвовал небольшой процент своих доходов от порока на благотворительность.

Пусть никто не сомневается, что нас контролируют СМИ, как и сами СМИ находятся под контролем. Это факт заговора, а не домыслы, и ситуация сейчас вполне открыта. Несомненно, эту систему было бы очень трудно поддерживать, если бы не тайное финансирование различных проектов, спонсируемых и продвигаемых США, которые я разоблачаю помимо конспирологии.

Глава 12

Раскрыта секретная программа внебюджетных расходов США

Закон о Федеральной резервной системе - это то, что сделало вышеупомянутые законы такими важными, это контроль, который он дает Комитету 300 над американским народом. Она также сделала возможными незаконные войны в Ираке, основанные на том факте, что правительство США десятилетиями осуществляло секретную программу расходов и "внебюджетного финансирования" вопреки высшему закону страны - Конституции США. Институциональные и политические основы этой системы тайного финансирования можно проследить на примере торговли опиумом с Китаем, а затем с Турцией в течение 18 и 19 веков.

Ее транспортным средством была Британская Ост-Индская компания (ВEIC), частная компания с королевской грамотой. В конце XIX и XX веков и консолидация американской промышленности и банковского дела находилась под жестким контролем корпораций, захвативших экономику, особенно военно-промышленного комплекса. Великие фашистские лидеры американской промышленности и финансов в конце XIX века были отличными практиками тайных операций, благодаря своему опыту в торговле опиумом с Китаем. Институты, созданные ими в XIX и XX веках и , остались неизменными и являются теми самыми, с помощью которых их потомки сохраняют контроль и по сей день.

Вот краткое изложение структуры американской политической экономии, которое лучше соответствует фактам, чем официальная модель. Официально американский капитализм характеризуется демократией, возможностями, самосовершенствованием, открытыми и свободными рынками, конструктивным регулированием для общественного блага, короче говоря, счастьем или стремлением к счастью, как сказано в Конституции США. В этой модели лидеры преследуют интересы нации, а политики заботятся о своих избирателях. К сожалению, правда совсем другая. Отчасти причина столь широкого непонимания США кроется в контролируемой системе образования и СМИ. По мере развития системы в течение десятилетий время придавало ей легитимность во всем политическом спектре. Как только монопольный контроль достигнут, пролетариат восстает и начинается его диктатура. Мы уходим от такого детерминизма; ничто не происходит иначе как в результате того, что люди делают и выбирают делать.

На момент нападения на Всемирный торговый центр и Пентагон в сентябре 2001 года, по данным Управления правительственной бухгалтерии (GAO), Пентагон понес 3,4 триллиона долларов в "недокументированных операциях", т.е. было 3,4 триллиона долларов в финансовых операциях, для которых не было видимой цели. За день до нападения министр обороны Дональд Рамсфелд предупредил, что отсутствие контроля над бюджетом представляет большую опасность для национальной безопасности США, чем терроризм. После нападений правительство перестало публично раскрывать информацию о "недокументированных сделках".

Проблема не ограничивается Пентагоном, а затрагивает все государственные учреждения и ведомства, от Министерства образования до Министерства обороны и Бюро по делам индейцев. В течение ряда лет GAO составляет параллельный комплект книг для федерального правительства под названием "Финансовый отчет Соединенных Штатов". В этом отчете предпринята попытка навязать "общепринятые принципы бухгалтерского учета" процессу финансовой отчетности правительства, чтобы дать более четкое представление о фактических активах и обязательствах правительства и тем самым позволить более эффективное планирование. Ни Пентагон, ни Министерство жилищного строительства и городского развития (HUD), и это только два ведомства, никогда не могли пройти аудит GAO на этом основании.

Важно отметить, что правительство не использует двойную бухгалтерию для подготовки своих счетов, стандартную практику бухгалтерского учета с семнадцатого века, которая позволяет классифицировать и отслеживать источники и использование средств для создания точной картины коммерческого (или государственного) предприятия. Управление военной машиной 21 века с использованием старомодных методов бухгалтерского учета - это аномальная ситуация, которая имеет интересные последствия, не последнее из которых заключается в том, что правительственные агентства не могут или не хотят объяснить, что они делают с деньгами, выделенными на их деятельность Конгрессом. Аналогичная ситуация сложилась в Министерстве жилищного строительства и городского развития (HUD). Его основной целью, по крайней мере, по закону, является обеспечение доступа американцев с низким уровнем дохода к доступному жилью, которое предоставляет HUD, а также к кредитам и страхованию кредитов по всей стране. Однако HUD никогда не собирал информацию о своей деятельности, чтобы он или кто-либо другой мог увидеть, в зависимости от места, приносит ли его деятельность в этом месте прибыль, приносит ли убытки или просто не имеет значения.

Немногие американцы знают, что компания Lockheed Martin, создатель истребителя F22, также является крупным внешним подрядчиком, предоставляющим Пентагону системы финансового контроля и бухгалтерского учета. Со своей стороны, Пентагон является крупнейшим заказчиком компании Lockheed Martin. Этот пример далеко не уникален. Lockheed также владеет дочерней компанией, нанятой HUD для управления жильем в городах США, что является необычной диверсификацией для компании, основная часть бизнеса которой связана с военными и разведывательными службами.

Аналогичным образом, Dyncorp (недавно приобретенная корпорацией Computer Sciences) является еще одним подрядчиком, который, как и Lockheed, получает почти все свои доходы от государственных контрактов в области безопасности и военных контрактов. Она также является подрядчиком, предоставляющим информационные технологии различным государственным учреждениям, включая Пентагон, HUD, Комиссию по ценным бумагам и биржам (SEC) и Министерство юстиции. В Министерстве юстиции она управляет программным обеспечением для ведения дел, используемым юристами департамента для управления расследованиями.

Это прекрасный пример открытого заговора, или, говоря иначе, ситуации, которая выходит далеко за рамки заговора. Примером пересекающихся интересов является Герберт "Мопс" Винокур. Он не только входил в совет директоров Dyncorp, но и был директором Enron, отвечавшим за комитет по управлению рисками этой компании, а также многолетним членом совета директоров Harvard Management Corporation, которая инвестирует в проекты HUD. AMS Inc, компания по разработке компьютерного программного обеспечения, нанятая HUD в 1996 году для управления внутренним бухгалтерским учетом и программным обеспечением финансового контроля, руководила взрывом почти 76 миллиардов долларов в незадокументированных операциях за два коротких года. AMS нарушила практику доверительного управления и контроля, установив собственное оборудование и программное обеспечение без параллельного использования устаревшего бухгалтерского программного обеспечения и системы.

За эти же два года руководство HUD более чем в три раза

увеличило объем кредитов и страховок, проходящих через систему. Любой человек, знакомый с управлением подобными системами в банке или страховой компании, сразу же понимает, что такое решение (ведь оно должно было быть принято) приведет к огромным убыткам. Это некомпетентность или умысел? Только легковерные могут поверить в некомпетентность. Наградой для Чарльза Россотти, председателя AMS, стало назначение на должность комиссара Службы внутренних доходов (IRS) в Министерстве финансов, с которой он осуществлял надзор за крупными изменениями в контракте Казначейства с AMS. Он был прямым бенефициаром этих изменений, поскольку специальное разрешение Белого дома позволило Россотти и его жене сохранить свои акции AMS.

Реакция многих людей на описанные выше факты заключается в том, чтобы отвергнуть их как не более чем свидетельство некомпетентности и недоверия, случайности, а не заговора. Тем не менее, благодаря эффекту относительной открытости, США перешли от заговора к фазе того, что Уэллс называет "открытым заговором".

Такие компании, как IMB, AMS Lockheed, Dyncorp, SAIC и Accenture не смогли предоставить системы, способные пройти аудит GAO. Эти маневры и оправдания правительства оскорбляют здравый смысл и являются неэтичными. Как компании частного сектора, они должны пройти аудиторскую проверку, прежде чем их собственные счета будут утверждены и представлены акционерам. Тем не менее, они не всегда соответствуют тем же стандартам для правительства.

Часто правительство обвиняет предыдущую, уходящую администрацию. Однако следует отметить, что новая администрация Буша заменила всех высокопоставленных политиков, назначенных Клинтоном, за исключением Контролера валюты Джона Д. Хоука, комиссара налоговой службы Чарльза Россотти (ранее работавшего в AMS), генерального контролера Дэвида Уокера и директора ЦРУ

Джорджа Тенета.

Короче говоря, ключевые позиции, необходимые для федерального кредитного контроля, финансового контроля, аудита и разведки, чтобы администрация Буша не могла обвинить администрацию Клинтона.

Этот плавный переход от демократической к республиканской администрации представляет собой замечательный межпартийный консенсус и подчеркивает истинные позиции власти. За исключением Россотти, все эти люди оставались на своих постах в 2004 году. А что насчет Россотти? Он ушел из налоговой службы, чтобы стать старшим советником Carlyle Group по информационным технологиям. Трудно представить себе более символичное и значительное изменение позиции. Бизнес Carlyle - это глобальный венчурный капитал, что означает, что он инвестирует в приобретение компаний по всему миру, специализируясь на производителях оружия и технологий. Высокий уровень недокументированных сделок в HUD и Министерстве обороны неизбежно вызывает любопытство. Где находятся деньги, связанные с этими операциями? Не нужно большого воображения, чтобы задуматься, откуда Carlyle Group берет деньги, с помощью которых финансирует свои приобретения.

Картелизация экономики США была практически завершена к концу первого десятилетия двадцатого века. В 1889 году ведущий американский банкир Дж. П. Морган созвал совещание в своем особняке на авеню 5 в Нью-Йорке. Его целью было достижение консенсуса, который позволил бы владельцам американских железных дорог объединить свои конкурирующие интересы. Это была не просто группа руководителей транспортных компаний, договорившихся о ценах. Железные дороги также контролируют угольные месторождения и нефтяные запасы страны и тесно связаны с крупнейшими банками страны.

Создание Федеральной резервной системы в 1914 году завершило этот процесс консолидации. Конгресс передал банкам контроль над денежной системой США и федеральным кредитом, тем самым формально признав картель. Это позволило относительно небольшому числу людей устанавливать цены во всей экономике с такой степенью контроля, которая ранее не была известна в истории США.

Американская внешняя политика и войны, которые Америка вела в течение двадцатого века (включая испано-американскую войну 1898 года и нынешнюю войну с террором), преуспели в расширении контроля картеля над мировой экономикой. Гражданская война в США велась за контроль над американской экономикой, а не за отмену рабства. Большинство американцев объяснили бы последние 150 лет войны печальной необходимостью по причинам, не зависящим от Америки. Подразумевается, что Америка заняла свое главенствующее положение на международной арене по случайному стечению обстоятельств, а не по умыслу. Аргументы в пользу противоположного мнения вызывают насмешливые обвинения в том, что вы являетесь жертвой "теории заговора". Обнадеживает то, что, по их мнению, эгоистичные люди и организации не способны работать вместе для достижения общих целей.

Когда компания J.P. Morgan заключила соглашение о неконкуренции, это не было случайностью. Аналогичным образом, войны Америки не были случайностью; они были гораздо более прибыльными, чем принято считать. В конце Второй мировой войны Соединенные Штаты конфисковали миллиарды долларов немецких и японских военных сокровищ. Президент Трумэн принял сознательное решение не раскрывать его общественности и не репатриировать. Вместо этого она использовалась для финансирования тайных операций.

Популярный миф гласит, что тресты были разрушены в первом десятилетии двадцатого века из-за крестового похода Теодора Рузвельта в защиту среднего класса.

Рузвельт, безусловно, использовал свою публичную позицию против "большого бизнеса" для получения средств на избирательную кампанию от бизнесменов, на которых он нападал. Возможно, это объясняет, почему позже он подписал закон, отменяющий уголовное наказание для этих же бизнесменов. Это общая черта "либеральных" или "прогрессивных" президентов.

Второй Рузвельт, Франклин, считается чемпионом отстающих, который положил конец Великой депрессии. Именно он создал национальную систему социального обеспечения, которая финансировалась (и до сих пор финансируется) за счет крайне регрессивного налога на ее бенефициаров. Соответствующие взносы корпораций разрешалось вычитать из налогооблагаемой прибыли в качестве коммерческих расходов, что только усиливало регрессивный характер программы, поскольку корпоративная доля финансировалась из недополученных налоговых поступлений.

Рузвельт, выдающийся политик, одержал убедительную победу благодаря программе реформ, которую он ловко обошел стороной и не смог реализовать. Вместо этого он объявил чрезвычайную ситуацию в национальной экономике, обойдя любые конституционные возражения против его власти в судах. Он поспешил проигнорировать золотую оговорку в контрактах по государственным облигациям и создал в 1934 году Стабилизационный валютный фонд (ESF). Якобы предназначенный для содействия стабильности доллара на внешних рынках, этот фонд был и остается на практике чем-то совершенно иным. Он не подотчетен Конгрессу и отвечает только перед Президентом и министром финансов. Одним словом, это незадекларированный фонд, который может использовать федеральный кредит.

Сервомеханизм

Создание Стабилизационного валютного фонда (ESF)

следует той же логике, что и создание Федеральной резервной системы в 1914 году. Последняя, Федеральная резервная система, также была создана в ответ на кризис: крах 1907 года. Легенда Уолл-стрит считает, что гений и патриотизм Дж. П. Моргана спасли нацию.

На самом деле, крах и последовавшая за ним депрессия позволили Моргану уничтожить своих конкурентов, скупить их активы и в процессе показать нации и всему миру, насколько могущественными были банки и Морган. Не все благодарны, и некоторые требуют законодательных мер, чтобы поставить национальную денежную и федеральную кредитную систему под общественный надзор и контроль.

В ходе искусной кампании политического мошенничества Федеральная резервная система была создана в 1912 году на основании закона Конгресса именно с этой целью. Федеральная резервная система - это, вероятно, самое дьявольское навязывание рабства американскому народу, созданное в результате сговора между международными банкирами и их суррогатами в Палате представителей и Сенате США.

Но, создав его как частную компанию, принадлежащую банкам, Конгресс фактически уступил банкам еще более сильную позицию, чем они занимали ранее.

Даже сегодня мало кто знает, что Федеральная резервная система является частным предприятием, принадлежащим тем самым интересам, которые она номинально регулирует.

Таким образом, контроль над федеральной кредитно-денежной системой США и богатый поток привилегированной информации, который сопутствует этому, скрыт от глаз общественности и контролируется тайно, что скорее объясняет дельфийский характер председателя ФРС.

Расширение тайного контроля не ограничивалось финансами. Закон о национальной безопасности 1947 года создал Центральное разведывательное управление (ЦРУ) и Совет национальной безопасности (СНБ) и свел контроль над тремя вооруженными службами под одной крышей в Пентагоне. Это лишь распространило принцип секретности на сферу "национальной безопасности". Как и Федеральная резервная система, ЦРУ было освобождено от публичного раскрытия своего бюджета и получило бюджетный контроль над всем разведывательным сообществом, а Совет национальной безопасности был создан как орган, формирующий политику отдельно от существующих государственных органов, таких как Государственный департамент и военные командования, подчиняющиеся непосредственно президенту.

Закон о ЦРУ от 1949 года создал бюджетный механизм, который позволяет ЦРУ тратить столько денег, сколько оно хочет, "не обращая внимания на положения закона и нормативных актов, касающихся расходования государственных средств". Короче говоря, у ЦРУ есть возможность финансировать что угодно - законное или незаконное - под защитой Закона о национальной безопасности.

Создав бюрократические средства для тайного проектирования и разработки политики, следующим шагом было создание средств для ее реализации. Главный вопрос заключался в том, как контролировать движение денег в национальной экономике. Решением правительства было занять доминирующее положение на кредитных рынках.

С этой целью в 1934 году было создано Федеральное управление жилищного строительства (предшественник HUD и в настоящее время часть HUD), затем Ginnie Mae и, наконец, Fannie Mae и Freddie Mac, которые являются государственными спонсируемыми предприятиями (GSE) для предоставления ипотечного финансирования и страхования покупателям жилья. Основная политическая цель более тонкая. В сочетании с полномочиями Федеральной резервной системы (т.е. картеля) устанавливать цену денег, ФРС, GSEs и, в последнее время, Министерство жилищного строительства и городского развития (HUD) оказались мощной силой в регулировании денежных потоков и спроса в экономике США.

Вооруженные силы также были реформированы: впервые в американской истории был принят военный бюджет и структура сил мирного времени. В начале 1960-х годов эта структура была усовершенствована путем принятия явного процесса приобретения по принципу "затраты плюс". Оправданием этого процесса, как обычно, была национальная безопасность. Этот военный бюджет оказался столь же эффективным в регулировании промышленного сектора, как контроль над финансированием недвижимости - в регулировании кредитования. Вместе они обеспечивают фактический контроль над экономикой, условно измеряемой в денежном выражении валового внутреннего продукта (ВВП). Минутное размышление об институциональной структуре, кратко описанной выше, делает очевидным центральное значение федерального кредита в ее формировании. Федеральное правительство гарантирует GSEs, предоставляя им кредитную линию, субсидируемую Казначейством. Еще одна косвенная субсидия в виде снижения стоимости заимствований обусловлена тем, что рынок считает, что это является неявной государственной гарантией их платежеспособности.

Хотя эта тема время от времени вызывает споры, правда заключается в том, что GSE - не единственные компании, получающие государственную поддержку.

После провала банка Continental Illinois в начале 1980-х годов правительство неофициально сигнализировало о своей поддержке банковской системы. Это стало еще более очевидным после спасения Citibank в начале 1990-х годов и неявного субсидирования, которое в результате получил весь банковский сектор. Финансовые учреждения также не являются единственными, кто получает выгоду от такого рода поддержки. В прошлом компании Lockheed Martin и

Chrysler были спасены от банкротства налогоплательщиком, предположительно, благодаря следующим факторам: их статус крупных оборонных подрядчиков. В такой системе большое значение придается размеру, хотя бы потому, что банковская система легкомысленно и неубедительно называет это доктриной "слишком большой, чтобы обанкротиться".[7] Но и для промышленных компаний договорные отношения с Пентагоном имеют большое значение. Существует не только экономическая "нирвана" контракта "затраты плюс", но и, если вы достаточно велики, ваш основной деловой риск гарантирован по соображениям национальной безопасности. Поэтому компании склонны мигрировать свой бизнес на военные рынки, а не на чисто гражданские; сегодня компания Boeing является ярким примером этого явления. В результате сектор за сектором гражданские компании были доведены до банкротства или поглощения теми самыми организациями, которые должны были их защищать.

Динамика контрактов "затраты плюс" такова, что прибыль увеличивается по мере роста затрат. Это во многом объясняет размер военных бюджетов США, которые неумолимо растут на протяжении многих лет, даже при снижении боеготовности вооруженных сил. Но, как мы видели, потери в виде снижения производительности ощущаются в больших областях экономики, поскольку конкуренция со стороны невоенных контрактов вытесняется или приобретается.

Очевидно, что эти потери в реальной экономике необходимо финансировать, что порождает более высокий спрос на кредиты, чем в противном случае. Учитывая снижение производительности труда и сокращение производственной базы, было неизбежно, что в какой-то момент чистый экспорт станет отрицательным, что и произошло в США в

---

[7] "Слишком большой, чтобы обанкротиться", NDT.

1982 году и с тех пор усилилось. В настоящее время чистый внешний долг США составляет около $3 000 млрд (30% ВВП) и растет со скоростью около $500 млрд в год (5% ВВП).

Финансирование такой потребности в иностранных займах без обесценивания валюты требует как способности максимально контролировать внутренние денежные потоки, так и сотрудничества по крайней мере с некоторыми ключевыми зарубежными странами для достижения такого же контроля над международными денежными потоками. В последнем случае это принимает форму, отчасти, усиления интервенции со стороны стран с профицитом доллара и сильными позициями чистого экспорта, чтобы предотвратить падение курса доллара на рынках.

На практике это означает, что они накапливают все больше и больше долларов, которые, в свою очередь, вкладывают в ценные бумаги Казначейства США. В настоящее время иностранцы владеют примерно 45% непогашенного казначейского долга США. В январе Банк Японии провел интервенцию на валютных рынках по поручению Министерства финансов Японии, купив только за этот месяц 69 миллиардов долларов, что составляет более 30% от общего объема интервенций в 2003 году, который сам по себе был рекордным.

Может показаться, что все это имеет мало общего с "черным бюджетом", который у большинства людей ассоциируется с "черными" разведывательными операциями. Правда, однако, заключается в том, что черный бюджет нельзя понять изолированно, без понимания политического, исторического и экономического контекста, из которого он возникает. Один из способов понять это - сравнить тенденции. Например, в 1950 году индекс Dow Jones Industrials составлял 200, а сегодня он равен 10 600. В 1950 году торговля наркотиками была относительно неизвестным преступлением в США. Сегодня она распространена повсеместно, причем не только в городах, но и в небольших поселках и сельских населенных пунктах. В 1950 году США владели большей частью мирового золота и были крупнейшим кредитором в мире. Сегодня это крупнейший в мире должник. В 1950 году США были крупным экспортером промышленных товаров в остальной мир. При нынешних тенденциях США не являются самодостаточными в производстве товаров и к 2020 году не будут иметь даже приличной обрабатывающей промышленности.

Есть ли связь между этими тенденциями или они случайны? Может показаться странной мысль о положительной корреляции между наркоторговлей и фондовым рынком, но подумайте вот о чем: в конце 1990-х годов Министерство юстиции США подсчитало, что доходы от наркоторговли, поступающие в банковскую систему США, составляют от 500 млрд до 1 трлн долларов в год, или более 5-10% ВВП. Доходы от преступлений должны найти способ попасть в законные, т.е. легальные, каналы, иначе они не имеют ценности для их владельцев. Если также предположить, что банковская система получает 1% комиссионных за обработку этого потока (довольно низкая сумма, если учесть, что отмывание денег - это рынок продавца), то прибыль, которую банки получают от этой деятельности, составляет порядка 5-10 миллиардов долларов.

Одна из причин молчания Федеральной резервной системы заключается в том, что органы самого правительства занимаются торговлей наркотиками уже более шестидесяти лет. Чтобы понять, что такое "черный бюджет", необходимо знать о практике США по открытию потребительского рынка лекарств для иностранных экспортеров с целью достижения стратегических целей за рубежом.

Портативность наркотиков и значительный рост цен между производством и точкой продажи делают их особенно полезным источником финансирования тайных операций. Что еще более важно, доходы от продажи наркотиков полностью выходят за рамки обычных и конституционных каналов финансирования. Это отчасти объясняет широкое распространение наркоторговли в зонах конфликтов по всему миру, от Колумбии до Афганистана.

Однако влияние незаконного оборота наркотиков на сообщества и экономику в местах продажи мало изучено. Рассмотрим, например, влияние на рынки недвижимости и финансовые услуги. Недвижимость является привлекательным сектором для использования избыточных денежных средств, полученных от продажи наркотиков, поскольку она, как отрасль, совершенно не регулируется в отношении отмывания денег. Поскольку наличные являются приемлемым и, в некоторых местах, привычным способом оплаты, от крупных сумм можно легко избавиться без особых комментариев. Это может привести и приводит к значительному искажению местного спроса и, в свою очередь, подпитывает спекуляцию недвижимостью и повышенный спрос на кредиты для ее финансирования, а также открывает широкие возможности для спекуляций и мошенничества.

Эпизод "Иран Контра" 1980-х годов содержал все эти элементы; хотя многие знакомы с продажей оружия Ирану для финансирования поддерживаемых ЦРУ партизан в Никарагуа и эскадронов смерти в Сальвадоре, менее известны систематическое разграбление местных финансовых учреждений и продажа наркотиков в США. И когда банк терпит крах, акционеры, незастрахованные вкладчики и налогоплательщик оплачивают счет.

Дело в том, что незаконный оборот наркотиков создает условия, в которых стимулы заниматься неэкономической деятельностью выше, чем стимулы заниматься экономической деятельностью. Короче говоря, прибыль от воровства выше, чем от соблюдения требований.

Что важно с точки зрения государственной политики в картельной экономике, так это возможность контролировать и концентрировать денежные потоки любого рода. Для этого менее важно, чтобы банк потерпел крах, чем то, чтобы федеральный кредит был доступен для компенсации потерь. При этом денежная стоимость потерь переносится, или социализируется, на национальную базу налогоплательщиков. Поэтому, пока есть желающие кредитовать федеральное правительство, игра может продолжаться. Краткое знакомство с Федеральной резервной системой как преступным предприятием глазами конгрессмена Луиса Т. Макфаддена, который в свое время был председателем банковского комитета Палаты представителей, может оказаться поучительным:

> Здесь нет ни одного человека, который бы не знал, что система Федерального резервного банка - это величайшая афера, когда-либо придуманная человеком!

Так говорил великий американский патриот, покойный конгрессмен Луис Т. Макфадден, мужественный государственный деятель, который боролся с чудовищным раком американской нации на протяжении всех лет своей работы в Конгрессе. Этот отважный патриот - один из великих героев Америки, человек, который поплатился жизнью за то, что осмелился выступить против вопиющего денежного рабства, навязанного любимой им нации Законом о Федеральной резервной системе от 1913 года.

На жизнь Макфаддена было совершено два покушения, но они не увенчались успехом: в первый раз в него стреляли, когда он выходил из такси у отеля в Вашингтоне. Оба выстрела были неудачными, пули попали в кузов такси, а не в предполагаемую жертву. Второе покушение на жизнь Макфаддена было совершено с помощью отравленной чаши. К счастью для Макфаддена и американской нации, на ужине, который он посетил, присутствовал врач. Врачу удалось вовремя откачать желудок и вырвать Макфаддена из пасти смерти. Третья попытка также была предпринята путем разрезания яда: на этот раз она оказалась успешной. Странно, но в свидетельстве о смерти причиной смерти указана "сердечная недостаточность".

➢   Из чего состоит коррумпированная система

центральных банков, и кто те люди, которые ею управляют?

> Кто эти люди, которые держат американский народ в рабстве?

> Кто те люди, которым удалось обойти Конституцию США?

> Кто эти люди, которые смеются над 4 июля?

В этой книге я пытаюсь пролить свет на этих темных и зловещих людей и их банковскую систему "гребаного Вавилона", которой, похоже, боится каждый член Конгресса.

Когда заговорщикам Федерального резерва удалось провести свой чудовищный законопроект и когда была принята 16 поправка , глава многолетнего заговора с целью создания самого ужасающе эффективного метода эксплуатации и ограбления американского народа, когда-либо известного в истории человечества, была закрыта.

Согласованные усилия группы беспринципных людей по отмене положений Конституции Соединенных Штатов Америки были вознаграждены принятием Закона о Федеральной резервной системе, который передал финансовую власть и тиранию в руки нескольких безликих людей. Бесполезно и даже глупо говорить о свободе и справедливости, пока жива и здравствует Федеральная резервная банковская система. У нас нет ни свободы, ни справедливости, пока действует Федеральная резервная система. Мы - рабы в самом реальном смысле, потому что разве не правда, что каждый из нас должен Федеральному резерву более $23 000? Вот что они говорят! Обременены ли мы так называемым "национальным долгом"?

Если ответ "да", то мы действительно рабы. Система Федерального резервного банка построена вокруг двенадцати частных банков. Ряд банков был ловко переклассифицирован, чтобы его никак нельзя было назвать "центральным банком", но никого такой обман не обманул!

Частная банковская монополия, известная как Федеральная резервная система, передала Америку в руки самого отвратительного надсмотрщика, намного хуже, чем надсмотрщики фараонов Древнего Египта. Безусловно, самое предосудительное нарушение долга со стороны Конгресса произошло в 1913 году, когда он передал власть жизни и смерти над американским народом группе людей, которых великий писатель Х.Л. Менкен назвал "ничтожными негодяями".

Федеральные резервные банки (известные как ФРС) созданы по образцу "старушки с Нидл-стрит" (Банка Англии), главный архитектор которого, Дж.П. Морган, всегда был фискальным агентом европейской монархии. Банковская династия, созданная "старым Джоном П", по-прежнему представляет Фонди, то есть старые королевские семьи и их венецианских кузенов из черной знати. Такое положение дел сохраняется и в 2007 году.

ФРС могла получать огромные прибыли каждый год, и это не оспаривалось конституцией до появления Макфаддена. В 1930 году Макфадден подал в суд на Федеральную резервную систему с требованием вернуть 28 миллиардов долларов, которые, как он утверждал, были украдены у американского народа. Атака Макфаддена на священные порталы ФРС послала ударные волны по Уолл-стрит. Это рассматривалось как неприличный вызов династии Ротшильдов, основанной Майером Амшелем Ротшильдом, величайшим достижением которого было назначение его агента, Августа Бельмонта (вымышленное имя), во главе фискальных и монетарных дел самой могущественной нации на Земле. Другим агентом Ротшильдов был Александр Гамильтон (также псевдоним), который появился на вашингтонской и нью-йоркской сцене из Вест-Индии.

Гамильтон, в действительности агент британской секретной службы, быстро взял под контроль денежную политику США при полном сотрудничестве и поддержке Бельмонта.

Гамильтон и Бельмонт за удивительно короткий срок сумели внедриться в банковские круги Уолл-стрит и высшее общество Нью-Йорка. Вместе Гамильтон и Бельмонт помогли заложить основы того, что впоследствии станет крупнейшим рабовладельческим государством, когда-либо известным человеку, - Соединенных Штатов Америки. Никого, похоже, не волновало, что "ФРС" не была резервным банком в истинном смысле этого слова, и как таковая была гигантской аферой и мистификацией.

Это стало возможным благодаря целенаправленной политике не преподавать даже основы денег в наших школах и университетах, что, в сочетании с угрозами и запугиванием, достаточно, чтобы сделать деньги "таинственными" и якобы трудными для понимания. Безвольный и бесхребетный Конгресс только усугубил непонимание основных понятий "деньги".

Конгресс и по сей день грубо нарушает свои обязанности, поскольку позволяет ФРС увековечивать себя за счет американского народа, прекрасно зная, что ФРС является незаконным институтом. Как такой страшный кошмар стал реальностью? Как все это началось? Как центральным банкам Европы удалось подорвать Конституцию США - которую они так ненавидят - под носом у Конгресса, который якобы был избран для ее соблюдения? Как получилось, что злые люди смогли преодолеть одно положение американского законодательства, которое было создано для защиты американского народа от "беспринципных негодяев" из европейских центральных банков?

Поставив своих представителей на ключевые посты в Палате представителей и Сенате, европейские банкиры, участники заговора, быстро укрепили созданный ими плацдарм.

Единственным человеком, который видел, что к чему, был президент Эндрю Джексон. Избранный под обещание закрыть Второй банк Соединенных Штатов, предшественник сегодняшних Федеральных резервных банков, Второй банк Соединенных Штатов был вынужден создать Мэдисон и республиканцы в 1816 году, после многих лет неустанного давления со стороны Уолл-стрит. Как и Первый банк Соединенных Штатов, устав которого был рассчитан на 20 лет, Второй банк Соединенных Штатов также был частным банком, не предоставлявшим никаких льгот американскому народу. Его единственной целью было обогащение акционеров банка за счет американского народа, что быстро заметил Джексон.

Джексон открыто осудил банк, и его стратегия запрета на хранение государственных денег во Втором банке Соединенных Штатов оказалась катастрофически успешной. Его нападки на банк и его акционеров были стремительными и не имели аналогов в истории банковского дела в США. В этом Джексон пользовался поддержкой большинства американского народа, и когда он выставил свою кандидатуру на перевыборы, его с блеском вернули в Белый дом. Он одержал крупную победу для американского народа и быстро наложил вето на принятый Конгрессом законопроект, который продлил бы жизнь второго банка Соединенных Штатов.

Джексон был чрезвычайно популярен в народе. Государственный долг был списан, а правительство смогло добиться профицита. Джексон распорядился распределить 35 миллионов долларов из излишков национального бюджета между штатами, что было намерением создателей Конституции. Тревожно, что даже в 1832 году банк был принят Конгрессом. С тех пор Палата представителей и Сенат отказались закрыть Федеральную резервную систему, и мы регулярно наблюдаем зрелище того, как наши законодатели кланяются председателю "ФРС", кем бы он ни был, от Артура Бернса до Алана Гринспена.

Огорчает то, как законодатели натягивают свои коллективные галстуки каждый раз, когда председателя "ФРС" вызывают для дачи показаний в комитеты. Я никогда не забуду один конкретный случай, когда Волкер сидел и пускал сигарный дым в лицо членам комитета, а сенатор Джейк Гарн из Юты великодушно кланялся ему. Но сенаторы в комитете просто закрыли глаза на то, что отстаивал Волкер, тем самым помогая опорочить Конституцию, которую они поклялись защищать.

Конституция очень четко определяет, кто должен контролировать деньги:

Статья 1, раздел 8, параграф 5 гласит:

> "... Только Конгресс имеет право чеканить деньги, регулировать их стоимость и стоимость иностранных монет".

Он продолжает:

> "Ни один штат не должен делать средством выплаты долгов монеты, отличные от золота и серебра".

Конституция нигде не позволяет Конгрессу делегировать свои полномочия. Актуальным вопросом на каждых выборах должен быть вопрос о дальнейшем существовании Федеральной резервной системы, и каждый кандидат на любой пост должен подписать обязательство, что в случае избрания он или она будет голосовать за упразднение ФРС, причем такое обязательство должно быть юридически обязывающим. Невыполнение этого обещания должно стать основанием для отстранения от должности.

Люди, ответственные за доставку ФРС на американские берега, принадлежат к галерее негодяев. Салмон П. Чейз, Дж. П. Морган, Александр Гамильтон, полковник Мандел Хаус, Олдрич Вриланд, А. Пиафф Андью, Пол Варбург, Фрэнк Ван дер Лип, Генри П. Дэвисон, Чарльз Д. Нортон, Бенджамин Стронг, президент Вудро Вильсон, Арсен Пужо и Самуэль Унтермайер, и это лишь несколько достойных кандидатов.

Эти люди и их союзники с Уолл-стрит нанесли молодой американской нации больше вреда, чем любая иностранная армия, когда-либо нападавшая на наши берега. Если бы мы были захвачены и побеждены иностранной державой, мы не могли бы быть более порабощенными, чем сейчас, менее свободными, с меньшими основаниями верить в будущее Америки, задуманное нашими отцами-основателями. Мы втянуты в чудовищную аферу таких огромных масштабов, что разумные люди отказываются в нее верить. Великий американский патриот Уильям Дженнингс Брайан выступил против этой новой формы рабства и осудил аристократов бумажных денег:

> *Конгресс имеет исключительное право чеканить и выпускать деньги. Мы требуем, чтобы все бумажные деньги, ставшие законным платежным средством, были погашаемы монетой.*

Но, как и Иоанн Креститель, он был гласом вопиющего в пустыне. Закон о Федеральной резервной системе был принят Конгрессом 30 мая 1908 года после тщательно спланированной и срежиссированной "паники" в 1907 году, главным зачинщиком и архитектором которой был Морган. Даже в 2007 году Морган через своего исполнительного директора Денниса Уэзерстоуна продолжает ежедневно диктовать фискальную политику государственному секретарю под британским флагом, развевающимся над офисами Моргана на Уолл-стрит.

Законопроект 1908 года был озаглавлен "Закон Олдрича Вриланда о чрезвычайной валюте". Само название было выбрано с намерением ввести общественность в заблуждение. Никакой чрезвычайной ситуации не было. Кстати, Нельсон Олдрич был дедом Дэвида Рокфеллера, а Эдвард Б. Вриланд - банкиром-депутатом из Нью-Йорка, который охотно выполнял требуемую службу для своих хозяев, нарушая клятву защищать Конституцию. Так была заложена основа для войны против народа. Пусть никто не читает это послание и не считает иначе. Создание ФРС было объявлением войны против народа Соединенных Штатов.

История показывает три основных типа и стиля ведения войны. Единственным прямым методом ведения войны является религия, которая просит людей вывернуть карманы, чтобы повиноваться Богу, у которого, как правило, оказывается земной адрес. Этот метод довольно ошибочен, поскольку разочарование наступает довольно быстро и его все труднее обратить вспять. Конечно, война путем военного завоевания - самый легко узнаваемый метод, но он стоит больших денег на поддержание оккупации завоеванной страны, которая никогда не будет действительно завоевана, если только не удастся преодолеть непримиримую ненависть к захватчикам.

В случае большевистской революции, китайского Мао и камбоджийского Пол Пота, это было достигнуто путем убийства миллионов людей, которых называли "контрреволюционерами и диссидентами". То же самое произойдет и в США, когда придет наша очередь, а она обязательно придет, если мы продолжим игнорировать подавляющее господство "ФРС". Если мы не начнем отвлекаться от опиатов телевидения и наркотиков массового спорта, нам обеспечено место в истории как самой великой нации, которая была покорена за всю историю мира.

Третьей и, возможно, самой эффективной формой войны является экономическая война. Правильно будет сказать, что все войны имеют экономическое происхождение. Войны уходят корнями в экономику, и так было всегда. В этом случае завоеванное население более послушно и сговорчиво по отношению к своим поработителям. Они пользуются определенной свободой передвижения, религии, собраний, и даже подчиняются фарсу избрания представителей каждые два или четыре года. То, что мы имеем сегодня в Америке, - это не банковская система, а ее отклонение, в которой практикуется воровство в больших масштабах.

Система полностью извращена и управляется мошенниками в деловых костюмах, сидящими в отделанных панелями офисах, где они скрывают свою личность от американского народа. Сегодня, спустя 85 лет после введения Конгрессом Федеральной резервной банковской системы, имена людей, которые контролируют финансы нашей страны, все еще неизвестны нам. В наши дни "открытого правительства" и обилия законов, запрещающих закрытые двери в государственных делах, эти коверные[8] все еще могут вести банковский бизнес страны в тайне! Как возможно, что мы, народ, терпим постоянную ситуацию, когда у нас нет возможности узнать, кто эти люди, и поэтому мы никогда не сможем привлечь их к ответственности? Право чеканить деньги и регулировать их стоимость принадлежит исключительно народу, однако мы продолжаем из года в год позволять этим ворам и дальше держать нацию на откупе.

Соединенные Штаты ведут свои денежные и налоговые дела с помощью бесполезных чековых денег и облигаций Федеральной резервной системы. Настоящие деньги, национальная монета, всегда выпускались правительством в эпоху, которая сегодня кажется давно ушедшей. Теперь он перешел в руки высокопоставленных воров. С помощью бухгалтерских записей Федеральная резервная система создает деньги из воздуха, а затем предоставляет их в долг Казначейству США по ростовщической ставке, которая регулярно душит нацию. Что случилось с библейским законом о том, что ростовщичество является смертным преступлением? Экономическая война, ведущаяся против народа этой страны, достигла той точки, когда, если мы не остановим ее, последуют огромные изменения в нашем образе жизни. Мы уже порабощенный народ; осталось только, чтобы хозяева Федеральной резервной системы сделали это официально.

В 1910 году заговорщики почувствовали себя достаточно сильными, чтобы действовать против ничего не подозревающего американского народа. Печатный поезд отправился вечером 22 ноября 1910 года, чтобы подготовить почву. Как и Ленин, они считали, что пломбированный

---

[8] "Ковровые мешки" - это уничижительный термин для банкиров-торговцев-ростовщиков, захвативших денежную систему стран.

поезд - лучший способ добиться полной анонимности. Запечатанный поезд отправился из Хобокена, штат Нью-Джерси, на остров Джекилл у побережья Джорджии.

Никогда в истории столь грозный враг не предпринимал попыток развязать войну против ничего не подозревающего народа. Их оружием были вероломство, подстрекательство, ложь и обман. Во главе с сенатором Нельсоном Олдричем группа состояла из А. Пиатт Эндрю, помощник министра финансов, Чарльз Д. Нортон, представлявший Первый национальный банк Нью-Йорка, Фрэнк Ван Дер Липп из Национального городского банка Нью-Йорка, Генри П. Дэвисон из J.P. Morgan, Пол Мориц Варбург, Бенджамин Стронг и несколько более мелких банковских игроков. Проект, который они затеяли, был настолько чудовищным, причина настолько глубокой, что я осмелюсь предположить, что она превзойдет боль и страдания любой войны, в которой участвовали Соединенные Штаты.

Первое упоминание о группе и ее созыве на острове Джекилл содержится в статье, опубликованной Э.К. Форбсом в 1916 году. Ни один из участников проекта на острове Джекилл не написал о своем проекте. Хотя Картер-Гласс, Варбург и Хаус написали много книг о своем творении Франкенштейна, никто из них не раскрыл, какую роль они играли в заговоре с целью лишить американский народ его наследия. Несомненно, движущей силой и направляющей рукой был Пол Мориц Варбург, поскольку он имел опыт работы с европейскими центральными банками, которого не хватало другим.

Олдрич, на мой взгляд, был лишь удобным посланником Варбурга в Сенат. Единственной причиной его включения в заговор на острове Джекилл была готовность разрабатывать законопроекты и выполнять приказы Варбурга и банкиров с Уолл-стрит.

Фердинанд Лунберг в своей книге "*Шестьдесят семей*" сказал:

"Длительная конференция на острове Джекилл

проходила в атмосфере тщательно продуманной секретности. Путешествие в Грузию было совершено в частном автомобиле, зафрахтованном Олдричем и путешественниками, причем все было сделано так, чтобы поездная бригада не смогла установить их личности. Долгое время считалось, что никакого конклава не было. Финансисты хотели создать центральный банк по европейской модели, чтобы облегчить масштабные манипуляции с национальной экономикой.

Желание заключалось в создании инструмента, который функционировал бы так же, как Банк Соединенных Штатов, который был разрушен Эндрю Джексоном, поскольку он концентрировал слишком много власти в частных руках. Ветеран Нельсон Олдрич представил сценарий, разработанный "охотниками на уток" с острова Джекилл, который был немедленно заклеймен как гнусное предприятие Уолл-стрит и до сих пор ни к чему не привел. "

Задача администрации Вильсона заключалась в том, чтобы ввести эту меру в законодательный акт, но в причудливой маскировке. Задача по составлению такого законопроекта была возложена на Варбурга, одного из самых опытных банкиров в группе заговорщиков. Варбург сотрудничал с крупными финансистами с Уолл-стрит, о чем свидетельствуют его мемуары, а когда требовался совет администрации, он советовался с полковником Эдвардом М. Хаусом.

Схема Уолл-стрит, поверхностно переработанная Вильсоном и Картером Глассом, была всего лишь планом охотника за утками с острова Джекилл для центрального банка, одетого в украшения. Он встретил определенную оппозицию со стороны неосведомленных людей с Уолл-стрит, но был широко поддержан Американской банковской ассоциацией. На практике Федеральный резервный банк Нью-Йорка стал плацдармом системы из двенадцати региональных банков. Остальные одиннадцать были мавзолеями, созданными для решения проблемы центрального банка, чтобы развеять джексонианские страхи во внутренних районах страны и обойти конституционное ограничение против единого центрального банка.

Можно ли представить себе что-либо более унизительное, чем то, что великие Соединенные Штаты, решившие быть свободными и прошедшие через большую войну с Англией для достижения своей цели, теперь должны быть обмануты группой вероломных банкиров? Как я уже говорил в других своих публикациях, американские женщины и дети вынуждены ходить на работу во все возрастающем количестве, получая с каждым годом все меньшую зарплату, в то время как их разочарованные и безработные мужья и отцы вынуждены сидеть дома, потому что для них нет работы. Растет число разводов, а также убийств нежелательных нерожденных детей. Аборты превратились в легальную бойню, приносящую много денег тем, кто управляет массовыми захоронениями. Все это - дело рук Комитета 300 и их приспешников, которые являются предателями и подстрекателями, пренебрегающими Конституцией.

Переход от старых времен, когда только "корона" могла выпускать деньги, произошел благодаря замене теологии научными методами, а философия уступила свое место коррупции и прагматизму, тонко замаскированным под современные банковские методы. Мы позволили банкам создать что-то из ничего. Что создал человек? Ответ: кроме "денег" - ничего. Создать - значит сделать что-то, чего раньше не существовало. Что мы видим, когда речь идет о бумажных деньгах? Наше правительство утверждает, что это законное платежное средство. Но это никчемная бумага, на которой написан ряд номиналов, чтобы ее можно было "обменять" на что-то реально ценное, например, на дом. Но даже дом или жилище не создается.

Его построил человек, используя свою изобретательность для изменения формы некоторых уже существующих веществ, таких как глина, кремнезем, деревянные брусья, в сочетании со своим трудом для получения готового продукта. Строительство дома стоит чего-то, но "создание денег" обходится нашим рабовладельцам из "ФРС" почти ничего. Фактически, единственная стоимость - это стоимость печати, и даже она в значительной степени ложится на кого-то, кроме Федеральной резервной системы. Поэтому нетрудно понять, насколько несправедливо и нечестно то, что Библия называет "вавилонской блудницей".

Можем ли мы обойтись без денег? Ответ "нет", но в то же время тот, кто делает деньги - человек, который благодаря своей изобретательности и упорному труду построил дом, - должен быть вознагражден, но не вознаграждается.

Единственный способ восстановить баланс этого неравенства - забрать власть над созданием денег (в отличие от их зарабатывания) из рук родственников бандитов из "Печатных поездов" с острова Джекил. Если мы этого не сделаем и если мы не вернем Конгрессу право создавать деньги, мы - обреченная нация. Когда Вудро Вильсона шантажом заставили подписать закон о Федеральной резервной системе под давлением разоблачения любовных писем Пека, мы как нация потеряли наши неотъемлемые права и свободу. Тот позорный день, когда так много наших законодателей решили, что важнее быть дома на Рождество, чем стоять на страже против пиратов-варваров на острове Джекил, был действительно позорным днем, несравнимым с Перл-Харбором.

"Что так плохо, что не так с ФРС? "Меня часто спрашивают. Для начала, все это чудовищная ложь: это не государственное учреждение, и это незаконно, потому что высший юридический орган в стране, Конституция, говорит, что это незаконно. Это делает нас всех вне закона, живущими в обществе вне закона. Федеральная резервная система крадет миллиарды долларов у производителей реального богатства, устанавливая ростовщические (процентные) платежи, вымогая деньги у производителей богатства посредством ростовщических (процентных) платежей.

В итоге мы, народ, вынуждены платить неизвестной и безликой группе банкиров миллиарды долларов в виде дани.

Мы платим группе безликих мошенников миллиарды в виде процентов за деньги, которые мы вынуждены занимать у тех самых людей, которым мы в первую очередь безвозмездно их отдали. Хуже того, делая это, мы даем этим банкирам средства и ресурсы, чтобы направлять нашу экономику в том направлении, которое Комитет считает желательным.

Глава 13

Государственный переворот в Федеральной резервной системе США

В 1929 году Соединенные Штаты были процветающей страной, несмотря на катастрофическую Первую мировую войну, в которую их втянул Вильсон. У страны были все навыки, природные ресурсы и изобретательность, чтобы стать действительно великой индустриальной державой мира. Сельскохозяйственные земли были обильны и плодородны, наши люди были готовы долго и упорно трудиться, чтобы производить реальное богатство в виде товаров и услуг. Но те, кто участвовал в распродаже нации на острове Джекил, не были удовлетворены. Жадность доминировала над ними. Подрывая экономику то тут, то там, "Комитет 300" сумел разрушить американскую мечту, организовав острую нехватку денежной массы. Соединенные Штаты никогда не были порабощены армией захватчиков, не страдали от голода и эпидемий. Что бы ни случилось, мы справимся с этим. Но затем поставщики денег решили прекратить их поставку, когда они были наиболее необходимы для поддержания крови нации.

Что произошло в результате? Наша страна была разгромлена. Культурный город Дрезден не так сильно пострадал от убийственных бомбардировок Уинстона Черчилля во время Второй мировой войны, как Америка от Депрессии 1929-30 годов.

Федеральные резервные банки, сознательно и со злым умыслом, изъяли 8 миллиардов долларов из денежной массы, в результате чего 25% рабочей силы остались без работы. Они отказывали в кредитах и займах фермерам и бизнесменам. Затем, когда никто не мог заплатить, они захватили реальное богатство нации: дома, фермы, имущество и оборудование.

Другими словами, Совет Федеральной резервной системы, незаконная структура, созданная в результате переворота в режиме реального времени, лишила нацию ее реального богатства в товарах и услугах, сжимая денежную массу, что позволило ей захватить недвижимость за гроши во время краха в США после Уолл-стрит. Это может повториться в любой момент. Механизм, который позволил Федеральной резервной системе ограбить нас, все еще на месте, нетронутый сегодня, как и в 1929 году. Конечно, именно для этого он и был создан.

Федеральная резервная система никогда не подвергалась аудиту. Главное бухгалтерское управление (GAO), наблюдающее за государственными расходами, никогда не было допущено к этому. Под давлением Макфаддена GAO предприняло попытку провести аудит Федеральной резервной системы. Аудиторская группа была остановлена у ворот банка Артуром Бернсигом, который представился Артуром Бернсом. Он отказался впустить аудиторскую группу в банк. В то время Бернс был министром финансов; другими словами, он был государственным служащим, но действовал в интересах своих хозяев - частной Федеральной резервной системы.

Я не хочу превращать эту статью в рассуждения о технических аспектах экономики, денег, валюты и банковского дела, поэтому постараюсь изложить все просто. То, как устроена банковская система Федеральной резервной системы, позволяет банкам получать огромные прибыли за наш счет. В этом, собственно, и заключается суть всей этой работы.

Посмотрите на факты, и вы увидите, что в нынешней системе карты сложены против нас. Денежная система стоит дорого. Он взимает деньги (ростовщичество) за предоставление денег в долг, то есть денег, используемых обществом для создания реального богатства. Как таковая, она является крайне неэффективной, приносящей выгоду немногим и наказывающей многих. Короче говоря, он призван создать дефицит денег там, где его явно нет. Это создает социальные проблемы, которые постоянно усугубляются, делая нацию несовместимой с хорошим управлением, социальной справедливостью, свободой и правильно сформированным общественным порядком. Во всем этом вы найдете семена революции. Революция открывает правительству путь к приостановлению действия положений Конституции. Скоро наступит "1984". Во имя порядка нам скажут, что наши гражданские свободы должны быть приостановлены. Мы можем легко увидеть, как нас завели в ловушку, из которой нет выхода, если мы не начнем действовать до того, как ловушка сработает. Мы должны осознать, что с помощью тонких средств неотъемлемое право нас, народа (через наших избранных представителей), было подорвано. Отменив монеты и заменив их кредитными и чековыми деньгами, наше право выпускать эти деньги и контролировать их стоимость было передано банковскому братству через их монополию на кредит. Практическим результатом этой передачи стало наделение недобросовестных людей правом накладывать вето на волю народа, выраженную Конгрессом и Президентом.

Если когда-либо существовал почти идеальный переворот, то это он.

Вот почему так трудно распределить вину. Сколько раз мы слышали, как недовольные избиратели клялись никогда больше не голосовать за президента, потому что его или ее экономическая политика не сработала? Правда заключается в том, что экономическая политика президента никогда не имеет шанса взлететь.

Президент не управляет экономической судьбой Америки. Эта прерогатива принадлежит Федеральной резервной системе. Народ, президент, потерял власть над деньгами в 1913 году, а вместе с ней и контроль над нашей коллективной судьбой.

Возвращаясь теперь к заговорщикам и их встрече на острове Джекил, Пол Мортиз Варбург был тем человеком, который придумал название для нового центрального банка. Именно Варбург сказал, что Олдрич не должен использовать свое имя в преамбуле законопроекта, так как это может насторожить оппозицию в Конгрессе, которая ранее отвергла меры Олдрича по созданию центрального банка. Варбург настаивал на том, чтобы в формулировку меры были включены положения немецкого Рейхсбанка, а именно, чтобы полный контроль над процентными ставками был возложен на Федеральную резервную систему, а также контроль над сокращением и расширением кредита. Именно это положение стало причиной депрессии 1930-х годов. Варбург заявил, что, по его мнению, банковская система США,

> "...совершил насилие почти над всеми священными банковскими принципами Старого Света".

Варбург одержал верх, и то, что так легкомысленно подписал Конгресс, очень напоминало Конституцию Рейхсбанка. Вильсон завершил круг предательства, назначив Варбурга первым председателем Федеральной резервной системы, и он продолжал занимать эту должность даже после того, как Вильсон втянул Америку в войну с родной Германией Варбурга. Такова сила заговора "Единый мир - единое правительство". Ни одна чужая жертва не является для них слишком большой, ни одна цель не является недостижимой, никто не защищен от их махинаций, будь то президент США или подчиненный. Можно подумать, что правительство и наши представители в Конгрессе будут стремиться, если не сказать, что очень стремиться, донести до общественности правду о Федеральной резервной системе. Ничто не может быть дальше от истины. Преступление, связанное с тайным изменением денежного законодательства Соединенных

Штатов, было скрыто от народа. На мой взгляд, большего преступления и быть не может. Историк Плиний называет такие действия "преступлением против человечества". Скрывая от народа истинные намерения и цели Закона о Федеральной резервной системе от 1913 года, Конгресс и Американская банковская ассоциация были виновны в чудовищном преступлении против человечества.

Александр Гамильтон проголосовал за принятие методов европейской системы центральных банков и включение их в банковское законодательство США, тем самым внеся значительный вклад в подрыв Конституции США, которая запрещала центральный банк. Гамильтон намеренно подменил волю создателей Конституции, чтобы обойти ее по приказу своего хозяина, Ротшильда. Гамильтон содействовал и способствовал изменению условий, которые затем обеспечили благодатный климат для рождения крупнейшей банковской монополии, известной человеку, а именно Федеральной резервной системы.

Когда наша денежная система заперта в постоянном нестабильном и непрочном состоянии, из которого она не может выйти, мало надежды на то, что мы когда-нибудь станем по-настоящему свободным народом. В начале 1800-х годов деловые циклы были абсолютно неслыханны, так как они просто не могли возникнуть при монетарной политике, которой придерживались до конца этого века. То, что сейчас делает "наша" система, - это гарантирует дефляцию, пытаясь сдержать ее с помощью кредитной политики, которая повышает цены и фактически увеличивает вероятность инфляции.

Процент (ростовщичество) является другой причиной бизнес-циклов. Наша западная экономика основана на долге, и эта ситуация может привести и приведет к разрушению цивилизации. Сегодня в Америке мы озабочены социальной справедливостью, но у нас не может быть социальной справедливости, пока Федеральная резервная система не будет закрыта, а государственный долг не будет отменен актом Конгресса. Как может нация выжить, не говоря уже о прогрессе, когда преобладают следующие денежные ситуации? Далее следует открытый заговор, о котором законодатели знают, но ничего не предпринимают.

➢ Выпуск денег и контроль над их стоимостью находятся в руках частной монополии, управляемой людьми, не известными народу.

➢ Высшее должностное лицо страны, президент, не имеет никакого контроля над Федеральной резервной системой, никакого вклада и никаких полномочий вмешиваться в ее дела, за исключением назначения председателя.

➢ Любая экономическая политика президента может быть сорвана или саботирована частными банками, контролирующими Федеральную резервную систему.

➢ Этот же банк получает почти все необходимые ему деньги от нашего правительства бесплатно. Однако когда нашему правительству нужны деньги для народа, оно должно занять их у Федерального резервного банка под проценты (ростовщичество), которые оно должно вернуть в виде процентных облигаций. Эти облигации никогда не изымаются, даже когда они полностью погашены. Это гигантское мошенничество.

➢ В результате этих мошеннических операций народ все больше залезает в долги, в то время как президент ничего не может с этим поделать, а народные представители не хотят это остановить.

➢ Монополия банкиров позволяет создавать деньги по своему усмотрению. Они создают деньги из ничего, просто делая записи в своей бухгалтерской книге.

➢ В Федеральной резервной системе никогда не

проводится аудит.

Джон Адамс, один из основателей Республики, однажды сказал:

> *Все недоумения, путаница и бедствия в Америке вызваны не недостатками Конституции Конфедерации, не отсутствием чести или добродетели, а чистым невежеством в отношении природы денег, кредита и обращения.*

Это, безусловно, одно из самых точных утверждений, когда-либо сделанных. В *книге Соломона* мы читаем следующее:

> *Заемщик является слугой кредитора.*

Мы, как нация, гордый народ, теперь просто слуги кредитора, Федеральной резервной системы. Как слуги, мы не имеем никакого статуса. Поэтому нет необходимости праздновать Четвертое июля.

Иисус Христос сказал:

> *Истинно, истинно говорю вам: раб не больше господина своего.*

➤ Так что же мы празднуем 4 июля?

➤ Наш статус слуг?

➤ Или это наша свобода, которую мы потеряли в 1913 году?

➤ Наше продолжающееся финансовое рабство?

Вот несколько цитат для размышления. Первый - от президента Вудро Вильсона, который в конце жизни горько сожалел о подписании Закона о Федеральной резервной системе и жаловался на это на смертном одре:

> *Великая индустриальная нация управляется своей кредитной системой. Наша кредитная система является концентрированной. Рост нации и вся наша деятельность находятся в руках нескольких человек. Мы стали одним из самых плохо управляемых, одним из*

самых полностью контролируемых и доминирующих правительств в мире; больше нет правительства свободного мнения, больше нет правительства по убеждению и большинству голосов, но есть правительство по мнению и принуждению небольших групп доминирующих людей.

И Уилсон сказал незадолго до своей смерти,

"Я предал свою страну".

Сэр Джосайя Стамп, который в 1920-х годах был президентом Банка Англии и вторым самым богатым человеком в Англии:

Банк был зачат в беззаконии и рожден в грехе. Банкиры владеют землей; заберите у них деньги, но оставьте им право создавать депозиты, и одним росчерком пера они создадут достаточно депозитов, чтобы вернуть их себе. Однако отнимите у них эти деньги, и все большие состояния, подобные моему, исчезнут, и они должны исчезнуть из этого мира, ибо тогда жить станет счастливее и приятнее. Но если вы хотите оставаться рабами банкиров и платить цену за свое собственное рабство, позвольте им продолжать создавать депозиты.

Роберт Х. Хемфилл, бывший кредитный менеджер Федеральной резервной банковской системы в Атланте, штат Джорджия (это было, конечно, после того, как он покинул свой пост):

Удивительная мысль: мы полностью зависим от коммерческих банков. Кто-то должен занять каждый доллар, находящийся в обращении, наличными или в кредит. Если банки создают много синтетических денег, мы процветаем. Если нет, мы голодаем. Мы абсолютно лишены постоянной денежной системы. Когда смотришь на общую картину, трагическая абсурдность нашего отчаянного положения почти невероятна, но она есть. Она настолько велика, что наша нынешняя цивилизация может рухнуть, если ее не поймут повсеместно и если ее недостатки не будут исправлены очень быстро.

Луис Т. Макфадден член парламента:

Федеральные резервные банки сегодня являются одними из самых коррумпированных учреждений, которые когда-либо видел мир.

Федеральная резервная система относится к общей категории, и я вкратце расскажу вам о том, как она устроена. Приведу цитату из их собственной публикации:

Федеральная резервная система состоит из Совета управляющих, Федерального комитета по открытым рынкам, Федерального консультативного совета и банков-членов. Функционирует система в области денег, кредита и банковского дела. Федеральная резервная система была организована в 1914 году.

Ответственность за политику и решения Федеральной резервной системы лежит на Совете управляющих, Федеральном комитете по открытым рынкам и Федеральном консультативном совете.

(Обратите внимание, что ответственность лежит не на президенте или Конгрессе. Это обязанность этих должностных лиц банка).

В некоторых вопросах закон возлагает основную ответственность на Совет, в других - на Резервные банки, а в третьих - на Комитет, хотя на практике происходит тесная координация действий.

Поэтому для простоты часто используется термин "Федеральные резервные органы", когда нет необходимости указывать, кто из трех ответственен за действие или в какой степени ответственность разделена. Федеральный комитет по открытым рынкам состоит из семи членов Совета управляющих и пяти представителей Федеральных резервных банков.

Комитет руководит операциями Федеральных резервных банков на открытом рынке, то есть покупкой и продажей государственных ценных бумаг и других облигаций США на открытом рынке. Целью этих операций является поддержание достаточной банковской кредитной базы для удовлетворения потребностей национального бизнеса.

Федеральный консультативный совет состоит из 12 членов, один из которых ежегодно выбирается каждым Федеральным резервным банком через его Совет директоров. Совет собирается в Вашингтоне не реже четырех раз в год.

Он консультируется с Советом управляющих по общим условиям ведения бизнеса и дает рекомендации по вопросам деятельности Федеральной резервной системы. Его рекомендации носят исключительно рекомендательный характер.

Обратите внимание, что наши избранные представители в Палате представителей и Сенате не имеют никакого влияния или контроля над тем, что эти безликие люди делают с нашей экономикой.

Это Комитет по открытым рынкам, который, как никакое другое подразделение, управляет этой страной. Это тщательно продуманный фасад, за которым скрывается человек, управляющий открытым рыночным счетом и, следовательно, способный знать взлеты и падения фондового рынка, потому что он их планирует.

Как однажды сказал член парламента Райт Патман:

Председатель Комитета по открытым рынкам знает все падения и подъемы на фондовом рынке до того, как они произойдут, и может давать другим советы о том, как заработать миллионы за одну ночь; и он, конечно, дает их своим друзьям.

Мы должны положить этому конец: тому, что несколько человек повышают проценты и понижают облигации, манипулируя денежной системой нашей страны таким образом, что спекулянты становятся богаче и лучше, чем честные люди, которые зарабатывают на жизнь своим трудом. Вот это и есть настоящая функция Комитета по открытым рынкам, выставленная на всеобщее обозрение.

Я также хотел бы привести следующую цитату из Томаса А. Эдисона:

Люди, которые не перевернут ни совочка грязи на проекте (я говорю о плотине Muscle Shoals Dam), не внесут ни фунта материалов, получат от Соединенных Штатов больше денег, чем люди, которые предоставят все материалы и сделают всю работу. Это ужасная вещь - проценты.

Но вот в чем суть: если государство может выпустить долларовую облигацию, оно может выпустить и долларовую банкноту. Элемент, делающий облигацию действительной, делает вексель столь же действительным.

Разница между облигацией и банкнотой заключается в том, что облигация позволяет торговцу деньгами собирать вдвое больше суммы облигации и еще 20 процентов, в то время как стоимость валюты, честной дани, предусмотренной Конституцией, продолжает снижаться в покупательной способности.

Абсурдно говорить, что наша страна может выпускать облигации и не может выпускать деньги. И то, и другое - обещание заплатить, но одно из них приносит прибыль ростовщику, а другое помогает народу. Если деньги, выпущенные народом, не приносят пользы, то и облигации не приносят пользы. Это ужасная ситуация, когда правительство, чтобы обеспечить национальное богатство, должно влезать в долги и платить разорительные проценты в руках людей, которые контролируют фиктивную стоимость золота. Проценты - это изобретение сатаны.

Конечно, мы все знаем, что Библия, Коран и другие книги абсолютно противоположны представлению об интересе, но мы отклонились от всего этого, и именно так мы попали в тот беспорядок, в котором находимся сегодня. Сейчас мы имеем лишь оболочку страны, которая, если бы не афера с Федеральной резервной системой, была бы самой могущественной в мире, несомненно, со свободой и справедливостью для всех. Мы - рабы, если только мы не готовы сделать своим делом отныне, днем и ночью, заставить Конгресс положить конец Федеральной резервной банковской системе и положить конец нашему рабству. Кто на самом деле владеет Федеральными резервными банками? Поскольку они зарегистрированы, получить список акционеров должно быть относительно легко, но, насколько я знаю, никому еще не удалось получить эту информацию.

Как осуществляется это постоянное мошенничество? Власть правительств в сочетании с достижениями в области компьютерных технологий значительно упростила задачу управления национальными - и, как следствие, международными - денежными потоками. В политическом плане победа Америки во Второй мировой войне позволила привлечь весь Запад и его зависимые страны в Международный валютный фонд (МВФ), созданный на Бреттон-Вудской конференции в 1944 году. Сорок пять лет спустя, распад Советского Союза в 1989 году означал, что впервые в истории на международной арене не было другого валютного или политического выбора. Британская империя капитулировала перед американцами именно потому, что Америка предложила альтернативу стерлингу, а именно доллар.

Соединенные Штаты возглавляют более или менее полностью закрытую глобальную валютную систему, в центре которой находится доллар. На практике это означает, что страны системы вынуждены обменивать реальную стоимость в виде промышленных товаров и сырья с картелем США в обмен на валюту, которая является не реальным долларом, а купюрой Федеральной резервной системы, неправильно называемой долларом, которая является не более чем бухгалтерской записью, созданной из воздуха. Это похоже на то, как компания без активов обменивает ничего не стоящие акции на наличные, и это не случайно. Это излюбленная техника, с помощью которой семья Дж.П. Моргана в 19 веке успешно финансировала консолидацию американской промышленности и финансов. Сегодня их наследники занимаются тем же самым, но в глобальном масштабе.

Стремительный технологический прогресс исключил возможность творческого управления в банковском секторе. Его вычислительная мощность сделала стоимость итерационных вычислений более или менее нулевой. Это позволило создать новый сектор в отрасли - деривативы, которые являются ничем иным, как разложением финансовых инструментов, таких как акции и облигации, на составные части, и утроило власть банков, благодаря полному сотрудничеству Федеральной резервной системы и Конгресса, которые позволили банкам не только саморегулировать свои портфели и деятельность по деривативам, но и принимать правила, заставляющие другие банки использовать деривативы для "контроля" риска. На практике это означает, что наиболее прибыльная деятельность банков была перенесена за баланс, создавая высокий уровень секретности в их деятельности. Это также дает значительное преимущество крупнейшим банкам, к которым другие должны обращаться за производными инструментами. Это, в частности, способствовало маниакальной консолидации банковского сектора и с огромным успехом применялось на международном уровне путем введения Базельского соглашения по денежному и банковскому сектору, которое заставило финансовые учреждения в других странах сотрудничать, что на практике в основном означало подчинение или крах.

Тактика банков была скопирована и усовершенствована промышленностью. Ярким примером является дело компании Enron, которая изначально была промышленной компанией, занимавшейся добычей и транспортировкой нефти и природного газа, но превратилась в финансовую компанию с высоким уровнем заемных средств и огромным внебалансовым бизнесом по торговле деривативами. Она освободилась от надзора со стороны регулирующих органов с помощью проверенного временем метода подкупа законодателей и подкупа своих аудиторов. Это давало ей возможность корректировать свои прибыли практически по своему усмотрению, просто изменяя предположения о будущих процентных ставках, заложенные в опционы, свопы и фьючерсные контракты, составляющие ее нерегулируемый портфель деривативов.

Enron также является примером все более размытого различия между государственным и частным секторами. В нем работало до двадцати агентов ЦРУ.

Один из руководителей компании, Томас Уайт, до прихода в Enron был армейским генералом, а затем покинул Enron, чтобы поступить на военную службу. Руководители Enron были тесно связаны с рабочей группой вице-президента Ричарда Чейни по энергетике. Трудно избежать вывода, что Enron был ничем иным, как операцией по отмыванию денег, использовавшейся в интересах "национальной безопасности" от имени картеля. США ввязались в дорогостоящую глобальную военную авантюру, исход которой далеко не однозначен.

Это кульминация более пятидесяти лет почти непрерывной открытой и тайной войны. Она поддерживается самым сложным в истории финансовым аппаратом, способным мобилизовать денежные средства, полученные от широкого спектра деятельности, как открытой, так и тайной. Ценой этого стало постепенное выхолащивание самой экономики США и постепенное разрушение гражданских свобод и верховенства закона. Черный бюджет - это не причина, а средство.

Глава 14

Заговор свободной торговли

Соединенные Штаты, некогда бывшие сверхдержавой, пока их не поразил синдром "новой мировой экономики", потеряли столько производственных мощностей, что едва могут строить подводную лодку каждые два года и авианосец каждые пять лет. Как тогда мы можем называть себя "единственной в мире сверхдержавой"? *Американский судостроительный журнал* заявил в 1998 году, что в течение следующих пяти лет все большее количество производства компонентов и систем судов переместится в Китай, и это оказалось очень точным.

"Нет причин для беспокойства", - говорят эксперты по свободной рыночной экономике. "Судостроение - это один из тех старых видов производства, без которых нанотехнологической экономике США лучше обойтись". К сожалению, согласно изданию *Manufacturing & Technology News* (8 июля 2006 года), производственные мощности уже настолько утеряны, что возможности нанотехнологий в США в основном ограничены пилотным, малосерийным производством, и даже оно исчезает с угрожающей скоростью.

Не за горами тот день, когда нам придется просить Китай или Россию создавать для нас орудия войны. В своих показаниях перед научным подкомитетом Палаты представителей по исследованиям Мэтью Нордан из компании Lux Research, Inc. заявил, что все американские нанотехнологические идеи, скорее всего, будут "реализованы на производственных предприятиях на других берегах". Нордан сказал, что в некоторых областях нанотехнологических материалов "производственный поезд уже ушел со станции".

Возможно, США даже отстают в генерации идей в области нанотехнологий. В 2006 году Китай лидировал в мире по исследованиям в области нанотехнологий, их объем составил 14%. Даже Южная Корея и Тайвань тратят на НИОКР в области нанотехнологий на душу населения больше, чем США. Некогда крупнейший в мире производитель станков, США сегодня занимает 17 место , уступая лишь маленькой Швейцарии. Шон Мердок, исполнительный директор Nano Business Alliance, выступая перед подкомитетом Конгресса, заявил, что США не могут жить только за счет идей:

> "Интеллектуальная собственность - это хорошо... но если вы посмотрите на общую стоимость, связанную с продуктом, то большая часть стоимости, как правило, достается тем, кто ближе всего к потребителю - тем, кто фактически его производит. "

Когда Уилсон вошел в Белый дом, здравый смысл вылетел в окно. Первое, что сделал Вильсон, - созвал совместное заседание Палаты представителей и Сената, на котором подверг критике и оспариванию тарифную защиту, обеспечившую единый рынок для среднего класса.

Как бы ни была важна интеллектуальная собственность для производственного процесса, именно способность производить и преобразовывать новый принцип в материальные товары, которыми можно торговать, является решающим фактором. Без способности воплотить идею в производимый продукт, основанный на этой новой идее, возможность получить большую часть экономических выгод будет потеряна, а при таком удушающем состоянии способность думать о новых идеях (творческие способности) в конечном итоге иссякнет. Без производственных навыков и знаний трудно распознать перспективные нанотехнологические инновации. Другими словами, если бы вы дали доисторическому человеку план, как сделать ружье для охоты, это не изменило бы его положения.

В течение последних двух десятилетий я указывал на эрозию американского среднего класса, условия, на которых взращивалась свободная торговля с тех пор, как Адам Смит пытался продавать британские товары колонистам по улице с односторонним движением. Производственные функции, основанные на приобретенных знаниях, которые перешли в страны, которые раньше называли "слаборазвитыми", например, в Китай. Так называемое отсутствие уникальности, необходимое для работы сравнительных преимуществ, и международная мобильность капитала и технологий позволяют этим факторам производства искать абсолютное преимущество за рубежом в квалифицированной, дисциплинированной и дешевой рабочей силе. На самом деле, как я уже неоднократно говорил, свободная торговля - это ложь, и она была ложью с того дня, когда Адам Смит из Ост-Индской компании пытался навязать ее новым американским колониям. Свободная торговля уничтожила уникальный средний класс, который сделал Америку великой; средний класс - это быстро исчезающее понятие.

Таким образом, после устранения торговых барьеров США и появления высокоскоростного интернета уровень жизни в странах первого мира перестал быть защищенным уникальными накоплениями капитала и технологий. Это изменение условий позволило американским компаниям использовать работников из больших избыточных резервов иностранной рабочей силы, таких как те, что существуют сегодня в Индии и Китае, для замены более высокооплачиваемых американских работников по более низким ценам. Разница в стоимости рабочей силы является повсеместной. Тот, кто говорит, что эта разница не имеет значения, не знает фактов. Может ли американская семья прожить на 200 долларов в месяц, как это делают многие семьи на Дальнем Востоке и в Индии?

Тем не менее, как я отмечал в 1972 году, более чем за три десятилетия до того, как Индия, Китай и Филиппины стали альтернативой для американских компаний, США находятся в крайне невыгодном положении и по налоговым причинам. По налоговым причинам в США высокая стоимость рабочей силы.

Коалиция Совета производителей США недавно представила эту проблему Консультативной группе президента по федеральной налоговой реформе. Все основные торговые партнеры США, включая все другие страны ОЭСР и Китай, полагаются на налоги с пограничной корректировкой, которые снижают налоги на их экспорт в США, одновременно облагая налогом американские товары, импортируемые из США.

Эта дискриминация усиливается налоговой системой США, которая не налагает ощутимого налогового бремени на иностранные товары и услуги, продаваемые в США, но налагает тяжелое налоговое бремя на американских производителей товаров и услуг, как продаваемых в США, так и экспортируемых в другие страны.

Решение состоит в том, чтобы отказаться от подоходного налога и заменить его налогом на добавленную стоимость или налогом с продаж, или даже тарифом или вычитаемым экспортным налогом. Но сторонники Нового мирового порядка в правительстве США делают все возможное, чтобы снизить уровень жизни американцев до гораздо более низкого уровня, что вряд ли будет допущено.

Отцы-основатели основывали доходы США на тарифах. Тарифы также помогли США развить свою промышленность, защитив свою продукцию от конкуренции со стороны более дешевых иностранных производителей. Джордж Вашингтон заявил, что тарифы должны быть сохранены для защиты "американских мануфактур". Но затем пришел международный социалистический президент Вильсон, и первым его действием было созвать совместное заседание Палаты представителей и Сената и объявить о своей цели уничтожить тарифную систему, которая так блестяще работала до его катастрофического восхождения в Белый дом.

Невыносимо горькие плоды президентства Вильсона действуют и сегодня. Одним из примеров является кризис с кормами для домашних животных в марте-апреле, который привел к серьезному кризису, когда он распространился на людей. Газета *Chicago Tribune* от 29 апреля 2007 года подробно освещала этот кризис:

> "Власти Калифорнии обнаружили, что загрязнение попало в пищевую цепь. Около 45 жителей штата ели мясо свиней, которые питались кормом, содержащим меламин из Китая. Меламин используется для производства пластмасс, но он также искусственно увеличивает содержание белка - и, следовательно, цену - в глютенах, используемых в продуктах питания. Для некоторых домашних животных он уже оказался смертельным... Были отозваны 57 марок корма для кошек и 83 марки корма для собак. Кроме того, 6 000 свиней пришлось уничтожить, поскольку они ели зараженный корм. Считается, что воздействие меламина на человека минимально, но на самом деле никто этого не знает. Импортер некачественного пшеничного глютена, компания Chem-Nutra Inc. из Лас-Вегаса, утверждает, что ее китайский производитель незаконно добавил в глютен меламин, чтобы повысить содержание измеряемого белка и, соответственно, цену партии. "

Те, кто думал, что Управление по контролю за продуктами и лекарствами (FDA) возьмется за подобные разработки, конечно же, сильно ошибались. Но в заявлении FDA[9] говорится, что "финансирование безопасности пищевых продуктов" для Центра безопасности пищевых продуктов агентства сократилось с 48 миллионов долларов в 2003 году

---

[9] Управление по контролю за продуктами и лекарствами.

до примерно 30 миллионов долларов в 2006 году.

Полная занятость в Центре сократилась с 950 человек в 2003 году до 820 человек в 2006 году. Несмотря на то, что случаев заражения пшеничной клейковины становится все больше, FDA узнало о другой проблеме: китайском рисовом белке. По первоначальным данным, игрушки содержали свинцовую краску, что привело к массовому отзыву.

Тарифная система отцов-основателей была опрокинута Вильсоном и его социалистическими советниками, особенно членами Фабианского общества (предками сегодняшних необольшевиков, также известных под оксюморонным термином "неоконсерваторы"), которые ошибочно утверждали, что тарифы сильно бьют по бедным, в то же время принося выгоду богатым производителям.

Подоходный налог рассматривался как более справедливое распределение налогового бремени и как путь к большему равенству в распределении доходов. Вильсон и его контролеры не сообщили Конгрессу, что это марксистская доктрина; за этим последовала долгая политико-идеологическая борьба, опрокинувшая тарифную систему и отправившая уникальный средний класс Америки в крепостное право.

Сегодня распределение доходов неравномерно как никогда. Если вы, уважаемый читатель, считаете себя не крепостным, посмотрите, что произойдет, если вы объявите продукт своего труда своей собственностью и откажетесь платить налоги на имущество. Убедитесь, что у вас есть контракт с хорошей компанией по переезду, другое место для проживания и парашют, прежде чем прыгать с обрыва. Необходим немедленный возврат к тарифной системе для увеличения доходов, и чем быстрее, тем лучше. Есть ли среди государевых людей "храбрые сердца"?

То, что мы увидели с созданием Федерального резервного банка, было консолидацией власти Комитета 300 над Америкой. Она следовала американской внешней политике, и войны, которые Америка вела в течение двадцатого века (включая испано-американскую войну 1898 года и нынешнюю так называемую войну с террором), преуспели в расширении контроля картеля над мировой экономикой. Без успешного создания центрального банка в США никогда бы не удалось вести войны, которые велись после 1912 года.

Франклин Д. Рузвельт сказал своим политическим соратникам, что он хочет, чтобы его наследием стал защитник бедных, который положил конец Великой депрессии. Рузвельт поставил себе в заслугу создание системы социального обеспечения, которую он выдавал за благо для народа. Но он не сказал большинству американцев, как она будет финансироваться, а именно за счет крайне регрессивного налога на бенефициаров.

Создание ESF следует той же логике, что и создание Федеральной резервной системы в 1914 году. Последняя, Федеральная резервная система, также была создана в ответ на кризис: крах 1907 года. Легенда Уолл-стрит считает, что гений и патриотизм Дж. П. Моргана спасли нацию. В действительности, крах и последовавшая за ним депрессия позволили Моргану уничтожить своих конкурентов, скупить их активы и, в процессе, показать нации и всему миру, насколько могущественными были банки и Морган. Не все были благодарны, и некоторые требовали законодательных мер, чтобы поставить федеральный кредит и национальную денежную систему под общественный надзор и контроль.

В ходе кампании искусного политического шарлатанства Федеральная резервная система была создана в 1912 году на основании закона Конгресса именно для этого. Но, создав его как частную корпорацию, принадлежащую банкам, Конгресс фактически уступил банкам еще более сильную позицию, чем они занимали ранее.

Даже сегодня не все понимают, что Федеральная резервная система является частным предприятием, принадлежащим тем самым интересам, которые она номинально регулирует. Таким образом, контроль над федеральным кредитом и денежной системой США, а также богатый поток инсайдерской информации, являющийся результатом этого контроля, скрыт от глаз общественности и контролируется тайно, что скорее объясняет дельфийский характер федерального президента.

Торговля наркотиками: Физическое рабство

Может показаться странной мысль о положительной связи между торговлей наркотиками и фондовым рынком, но подумайте вот о чем: в конце 1990-х годов Министерство юстиции США подсчитало, что доходы от этой торговли, поступающие в банковскую систему США, составляют от 500 до 1000 миллиардов долларов в год, или более 5-10% ВВП.

Теперь доходы от преступлений должны попасть в законные каналы, иначе они ничего не стоят для их владельцев. Однако влияние незаконного оборота наркотиков на сообщества и экономику в местах продажи мало изучено. Рассмотрим влияние на рынки недвижимости и финансовые услуги. Недвижимость является привлекательным сектором для использования избыточных денежных средств, полученных от продажи наркотиков, поскольку она, как отрасль, совершенно не регулируется в отношении отмывания денег. Поскольку наличные являются приемлемым и, в некоторых местах, привычным способом оплаты, от крупных сумм можно легко избавиться без особых комментариев. Это может привести и приводит к значительному искажению местного спроса и, в свою очередь, подпитывает спекуляцию недвижимостью и повышенный спрос на кредиты для ее финансирования, а также открывает широкие возможности для спекуляций и мошенничества.

Мощь правительства в сочетании с достижениями в области информационных технологий позволили за последние тридцать лет упростить управление национальными и, как следствие, международными финансовыми потоками.

С политической точки зрения, победа Америки во Второй мировой войне означала, что весь Запад и его зависимые страны были кооптированы в Международный валютный фонд (МВФ), созданный в Бреттон-Вудсе в 1944 году. Сорок пять лет спустя, распад Советского Союза в 1989 году означал, что впервые в истории на международной арене не было другого валютного или политического выбора. Британская империя капитулировала перед американцами именно потому, что Америка предложила альтернативу стерлингу, а именно доллар.

Сегодня Соединенные Штаты возглавляют более или менее полностью закрытую глобальную валютную систему, основанную на долларе. На практике это означает, что страны системы должны обменивать реальную стоимость в виде природных ресурсов, таких как нефть и газ, промышленных товаров и сырья с картелем США в обмен на доллары, которые являются не более чем бухгалтерской записью, созданной из воздуха. Это аналогично тому, как компания, не имеющая активов, обменивает разводненные акции на наличные, и это не случайно. Это излюбленный прием, с помощью которого династия Дж.П. Моргана в XIX веке смогла финансировать консолидацию американской промышленности и финансов.

Сегодня их наследники занимаются тем же самым, но в глобальном масштабе. И все это происходит в открытую, вне стадии заговора. Благодаря своему уникальному финансовому контролю Соединенные Штаты смогли ввязаться в дорогостоящие глобальные военные авантюры, исход которых далеко не однозначен.

Это стало кульминацией более чем пятидесяти лет непрерывной открытой и скрытой войны. Она поддерживается самым сложным финансовым аппаратом в истории, способным мобилизовать ликвидность, полученную в результате широкого спектра как открытых, так и тайных действий. Ценой этого стало постепенное выхолащивание самой экономики США и постепенное разрушение гражданских свобод и верховенства закона. Это также станет концом этой республики.

Глава 15

Средство достижения цели

Кто эти планировщики и заговорщики, которые служат могущественному и всесильному Комитету 300? Наиболее информированные граждане знают, что заговор существует, и что он имеет много названий. Что не признается обычно, так это то, что хорошо организованный Комитет 300 перешел в фазу, которую агент МИ-6 Уэллс назвал "открытым заговором". Можно сказать, что заговор достиг своей цели. Сейчас мир находится на следующем этапе, который я называю *"за пределами заговора"*.

Следующий шаг может быть осуществлен, потому что американский народ находится в состоянии глубокого шока и настолько хорошо контролируется проникновением на большие расстояния и внутренним обуславливанием, что теперь он принимает то, что не принял бы всего десять лет назад. В результате заговорщики чувствуют, что могут выйти на свободу. Им больше не нужно прятаться. Населению настолько промыли мозги и создали условия, что весь заговор почти никогда не рассматривается как "заговор".

Сегодня, в 2007 году, это открытый заговор, когда такой важный человек, как президент США, открыто заявляет о наступлении нового мирового порядка, которого он с нетерпением ждет.

Новый мировой порядок - это незавершенная работа; пересмотренная форма международного коммунизма, жестокая и дикая диктатура, которая ввергнет мир в новую темную эпоху. План Давиньона, о котором я впервые объявил в США в 1982 году, сейчас расцветает; Соединенные Штаты находятся примерно на полпути к превращению в современную версию феодального общества.

Наша сталелитейная промышленность мертва; и наша станкостроительная промышленность мертва. Наши производственные предприятия - производители обуви, одежды, оборудования для легкой промышленности, электронной промышленности - были экспортированы в зарубежные страны. Американская семейная ферма потеряна для продовольственных контролеров в руках "300", таких как Archer Daniels Midland, Nestlé и Bunge Corporation. Теперь американский народ можно легко подчинить голодом, если возникнет такая необходимость. Лидером этой кампании по созданию тоталитарного государства, Нового мирового порядка в рамках Единого мирового правительства, быстро становятся Соединенные Штаты Америки, роль которых они впервые взяли на себя, когда Комитет 300 назначил Вудро Вильсона в Белый дом.

В ноябре 2005 года США столкнулись с самым масштабным торговым дисбалансом в своей истории. До 85% товаров, которые когда-то производились в США, теперь производятся в других странах и импортируются в США. Последние статистические данные показывают, что Ford Motors сократит 30 000 рабочих мест, а General Motors - столько же. Эти рабочие места теряются. Это не временные увольнения, а рабочие места, которые исчезнут и никогда не вернутся. Американский народ был так воспитан, что большинство из них не может видеть, что рекордная потеря рабочих мест в обрабатывающей промышленности напрямую связана с мифом о "свободной торговле", который пропагандировала британская Ост-Индская компания в XVIII веке.

Я цитирую глубокое высказывание пророка Осии, содержащееся в христианской Библии:

> *"Мой народ погибает от недостатка знаний"*. (На

самом деле это слово означает "информация").

Так много людей уже прочитали мою презентацию о скандале с иностранной помощью, в которой я назвал несколько заговорщицких организаций, которых очень много, что я думаю, что эту тему можно исключить из этой книги.

Их конечная цель - свержение Конституции США и объединение этой страны, избранной Богом в качестве ЕГО страны, с безбожным Новым мировым порядком - единым мировым правительством, которое вернет мир к феодальным условиям, гораздо худшим, чем те, что существовали во времена Темных веков.

Давайте поговорим о конкретных случаях, о попытке коммунизации и деиндустриализации Италии. Комитет 300 давно постановил, что будет меньший - гораздо меньший - и лучший мир, то есть их представление о том, что такое лучший мир. Мириады тех, кого Бертран Рассел называл "бесполезными едоками", потребляющими ограниченные природные ресурсы, подвергаются выбраковке. Промышленный прогресс поддерживает рост населения. Поэтому заповедь о размножении и покорении земли, описанная в книге Бытия, должна быть нарушена путем уничтожения промышленного рынка труда, единственного стабильного источника долгосрочной занятости. Это требует фронтальной атаки на христианство, медленного, но верного распада государств индустриальных стран, уничтожения сотен миллионов людей, обозначенных Комитетом 300 как "избыточное население", и устранения любого лидера, который осмелится противостоять глобальному планированию Комитета для достижения вышеуказанных целей.

Тремя первыми целями Комитета стали Аргентина, Италия и Пакистан. Многие другие национальные государства должны были быть уничтожены, включая Южную Африку, Палестину, Сербию и Ирак. Национальные государства должны быть обескуражены и их демонтаж должен быть ускорен, особенно если они имеют амбиции стать промышленно развитыми.

Чтобы получить представление о масштабах и всепроникающем характере заговора Нового мирового порядка, уместно сейчас назвать цели, поставленные Комитетом 300 для завоевания и контроля над миром. Поняв это, можно понять, как центральный заговорщический орган может успешно действовать и почему ни одна власть на земле не может противостоять их нападкам на основы цивилизованного мира, основанного на свободе личности, особенно провозглашенной в Конституции США.

➢ Как появился Комитет 300?

➢ Что является источником его огромного богатства и могущества?

➢ Как Комитет удерживает свою власть над миром, и особенно над США и Великобританией?

➢ Один из наиболее часто задаваемых вопросов: "Как может одна организация знать, что происходит в любой момент времени, и как осуществляется контроль? "

Следующее заявление, сделанное Ауреллио Печчеи, старшим членом Комитета 300, помогает понять, откуда взялись "300":

Впервые с момента наступления первого тысячелетия в христианстве огромные массы людей действительно находятся в напряженном ожидании скорого наступления чего-то неизвестного, что может полностью изменить их коллективную судьбу... Человек не знает, как быть по-настоящему современным человеком. Человек придумал историю о злом драконе, но если и был злой дракон, то это сам человек... Перед нами человеческий парадокс: человек попал в ловушку своих необыкновенных способностей и достижений, словно в зыбучие пески. Чем больше он использует свою силу, тем больше она ему нужна.

> *Мы не устаем повторять, как глупо приравнивать нынешнее глубокое патологическое состояние и дезадаптацию всей человеческой системы к какому-то циклическому кризису или мимолетному обстоятельству.*

> *С тех пор как человек открыл ящик Пандоры новых технологий, он страдает от неконтролируемого распространения человечества, мании роста, энергетических кризисов, фактической или потенциальной нехватки ресурсов и деградации окружающей среды, ядерного безумия и множества сопутствующих недугов.*

Термин "Новый мировой порядок" воспринимается новичками как нечто, появившееся после войны в Персидском заливе в 1991 году, в то время как идея единого мирового правительства признается многовековой. Фактически, она берет свое начало от Ост-Индской компании (BEIC), зафрахтованной королевой Елизаветой I в 1600 году как акционерное общество. В 1661 году Карл II (король Стюарт) дал королевское согласие на компанию, которая, среди прочего, предоставляла право заключать войну и мир с государствами.

Это позволило БИК установить полный контроль над Индией, включая прибыльную торговлю опиумом, которую вели в Бенаресе и долине Ганга индийские принцы. К 1830 году вся Индия находилась под контролем того, что стало Британской Ост-Индской компанией (БОВК). Именно здесь лежат семена нового мирового порядка.

Новый мировой порядок не нов; он существует и развивается в той или иной форме уже очень долгое время. Ее "отцом" была Лондонская компания "Мерсер", а дедом - Лондонская компания "Степлерс", которую можно проследить от немецкого и бельгийского Ганзейского союза до Индии. Отсюда возникла Ост-Индская компания, некоторые члены правления которой были анабаптистами-коммунистами, многие из которых иммигрировали в Англию.

В колониальный период ряд видных анабаптистов эмигрировали из Англии в Соединенные Штаты. Все эти разнообразные фракции и культы преследовали общую цель - установление авторитарного Нового мирового порядка. Но даже сегодня, в 2007 году, он рассматривается как развитие будущего, а это не так; Новый мировой порядок - это прошлое и настоящее. Все дальнейшие планы учреждений Комитета основывались на необходимости избавиться от 2,5 миллиардов "бесполезных едоков", перефразируя лорда Бертрана Рассела, одного из главных выразителей "300". Природные ресурсы должны были распределяться под эгидой глобального планирования. Национальные государства могли либо принять господство Римского клуба, либо выжить в условиях закона джунглей.

Каковы цели тайных элитных заговорщиков? Эта элитная группа также называет себя *олимпийцами*, потому что они искренне верят, что равны по силе и статусу легендарным богам Олимпа. Подобно Люциферу, своему богу, они поставили себя выше истинного Бога, полагая, что им поручено осуществлять следующее по божественному праву:

➢ Установить единое мировое правительство - Новый мировой порядок - с единой церковью и денежной системой под их руководством, все национальные идентичности и государственные границы государств и привести к уничтожению христианской религии.

➢ Создать возможность контролировать каждого человека с помощью контроля сознания и положить конец индустриализации и производству ядерной энергии в том, что они называют "постиндустриальным обществом нулевого роста".

➢ Компьютерная индустрия и сфера услуг будут освобождены от уплаты налогов. Оставшиеся отрасли промышленности США будут экспортированы в такие страны, как Мексика и

Дальний Восток, где много рабского труда. Как мы видели в 1993 году, это стало фактом с принятием Североамериканского соглашения о свободной торговле, известного как НАФТА. Свободная торговля должна была стать нормой для будущего.

➢ Подавлять все научные разработки, кроме тех, которые Комитет сочтет полезными. Особое внимание уделяется ядерной энергии, используемой в мирных целях.

➢ Крах мировых экономик и установление полного политического хаоса. Взять под контроль всю внешнюю и внутреннюю политику США и оказать полную поддержку наднациональным институтам, таким как Организация Объединенных Наций, Международный валютный фонд, Банк международных расчетов и Всемирный суд, с тем чтобы вытеснить и подорвать Конституцию США до ее полной отмены.

➢ Проникнуть и подмять под себя все правительства и работать внутри них, чтобы разрушить суверенную целостность наций, которые они представляют, под видом распространения "демократии" как оплота против терроризма.

➢ Организовать глобальный террористический аппарат и договориться с законными правительствами об их капитуляции везде, где ведется террористическая деятельность, что позволит США создать в этих странах постоянные военные базы.

➢ Взять под контроль образование в Америке с намерением и целью полностью уничтожить его посредством "прогрессивных изменений" в учебных программах и методах обучения. К 1993 году сила и эффект этой политики стали очевидны, и они станут еще более разрушительными, когда в начальной и средней школе начнут преподавать "образование, ориентированное на результат" (OBE).

В лучшем случае, из школы средний американец знает, что у Соединенных Штатов 250-летняя история, но только в самом скудном смысле и без подробностей. Его знания Конституции минимальны. Он совершенно не знает, что кажущиеся несвязанными происшествия и "случайности" истории на самом деле тесно связаны между собой и были задуманы и приведены в действие скрытой силой; Французская революция, спровоцированная двумя масонскими ложами; возвышение Наполеона и наполеоновские войны, контролируемые Ротшильдами; "случайность" жестокой и зверской Первой мировой войны, тщательно спланированная большевистская революция и подъем коммунизма. Это не имеет ничего общего с историей, которую ему преподавали в школе, что это были несвязанные события. Его учили, что великие события мировой истории, включая историю Соединенных Штатов, возникали из ниоткуда и появлялись внезапно, словно по волшебству. Не было ни одного случая, когда его учили, что эти сотрясающие землю события были созданы и направлены с большой точностью и манипулированы для достижения заранее запланированных целей. Великий заговор никогда не был раскрыт ему, а если он вообще упоминается, то его высмеивают как измышления сумасшедших.

Контролируемое образование не позволяет проводить такие исследования. Это табу. Природа договорного права ему неизвестна. Особенно политические контракты, известные как "договоры", которые, как ему сказали, "являются законом страны". Немногие юристы понимают, что это не так, и поэтому мы, американцы, считаем, что события просто происходят из вакуума.

Если бы у него была привилегия войти в великое хранилище знаний, которым является Британский музей, и потратить два года на чтение с намерением изучить последние выпуски великих газет Великобритании и США, "*Нью-Йорк*

Таймс", "Лондон Таймс", "Телеграф" с конца 1890-х годов и далее, а также журналы *"Панч"* и *"Нью-Йоркер"* 1900-х годов, он был бы потрясен, столкнувшись с политическим форматом, который почти идентичен формату *"Нью-Йорк Таймс", "Вашингтон Пост"* и *"Лондон Таймс"* в 2005 году.

Он был бы еще более шокирован, обнаружив, что читает те же самые клише, которые он только что прочитал в последних номерах, и что они удивительно похожи по замыслу и контексту, поскольку проповедуют коммунизм, новый мировой порядок и единое мировое правительство.

Язык был немного другим, личности менялись с годами, но содержание и направление пропаганды оставалось прежним. Если бы он закрыл глаза и задумался о газете 1910 года в своих руках, то увидел бы, что она удивительно и недвусмысленно напоминает новости 2007 года. Он будет вынужден прийти к неизбежному выводу, что намерением и целью было установить сначала социализм, а затем коммунизм как системы нового мирового порядка. Чтобы существовала такая безошибочная последовательность, должна быть высокая степень уверенности в том, что определенные высокопоставленные лица и их структуры должны контролировать мировые события и события в его собственной стране, Соединенных Штатах Америки. Углубившись в колониальную историю Великобритании, он может даже встретить название Британской Ост-Индской компании как элитной властной группы, способной организовывать поразительное количество крупных политических событий.

Установление социализма в США с целью аннулирования конституций штата и федеральной конституции

Одним из удивительных событий, управляемых британской Ост-Индской компанией, было установление социализма как политической системы. Одним из продуктов Ост-

Индской компании было Фабианское (социалистическое) общество в Лондоне. Ее лидеры, Беатрис и Сидни Вебб, Энни Безант, Г.Д.Х. Коул, Рэмси Макдональд, Бертран Рассел и Уэллс, Томас Дэвидсон и Генри Джордж, мать которого принадлежала к семье Пратт из либерального американского истеблишмента в Филадельфии, были обязаны своим положением "Компании". Семья Пратт была тесно связана с "торговлей" Ост-Индской компании с Индией и имела значительный интерес в империи Рокфеллера Standard Oil.

Беатрис и Сидней Уэбб основали в 1895 году Лондонскую школу экономики, через которую прошли некоторые из самых важных фигур в британской и американской политике, бизнесе и правительстве. Среди известных выпускников был Дэвид Рокфеллер, бывший президент Национального республиканского клуба, председатель компании Rockefeller Standard Oil Company и главный финансист печально известного Института тихоокеанских отношений (IPR), ответвления британской Ост-Индской компании - Комитета 300, который финансировал нападение японцев на Перл-Харбор 7 декабря 1941 года. Он также был наставником Джорджа Герберта Уокера Буша и Джона Ф. Кеннеди.

Беатрис Вебб, доминирующий партнер фирмы, интересна. Одна из трех дочерей Ричарда Поттера, богатого железнодорожного магната, глубоко вовлеченного в оккультизм, она жила в доме своего отца, когда встретила Сидни Вебба. Ее сестра Тереза вышла замуж за сэра Альфреда Криппса из лейбористского правительства Рамсея Макдональда, а третья сестра, Джорджина, вышла замуж за Даниэля Майнертцхагена, банкира, связанного с Ост-Индской компанией.

Ричард Поттер был глубоко погружен в оккультные теории и практики и, как считается, является центральным персонажем детского романа о волшебнике *Гарри Поттере*, который недавно "появился из ниоткуда" и стал пользоваться бешеным успехом, но который, как мы теперь знаем, был одной из сказок Ричарда Поттера, переработанной Тавистокским институтом и затем переданной Джоанн Кей. Роулинг, чтобы "написать его".

Многие из его целей, которые я впервые перечислил в 1991 году, с тех пор были достигнуты или находятся в процессе достижения. Особый интерес в программах Комитета 300 представляет суть их экономической политики, которая в значительной степени основана на учении Мальтуса, сына английского священнослужителя, получившего известность благодаря Британской Ост-Индской компании (ВЕIC), по образцу которой и был создан Комитет 300).

Зарождение нового мирового порядка: Ост-Индская компания и ее преемница - Британская Ост-Индская компания.

Ост-Индская компания (ОИК) была основана в 1606 году, в последние годы правления королевы Елизаветы I, последнего монарха династии Тюдоров. Ее люди были отправлены в Индию для установления хороших отношений в стремлении к торговле с моголами и князьями, их купцами и банкирами, следуя по стопам Венецианской Левантийской компании. Она была патриархом властной элиты, своего рода "королевской семьи", состоящей из лондонской гильдии старьевщиков и ее отпрыска - Лондонской компании торговцев. Эти торговые монопольные гильдии "королевской семьи" укоренились в Венеции и Генуе среди старых банковских семей черной знати.

В 1661 году Карл II Стюарт выдал Ост-Индской компании далеко идущую хартию, которая позволяла ОИК вести войну, заключать мирные договоры и создавать союзы с княжескими банкирами и меркантильными элитами Индии.

Нет уверенности, что империя Великих Моголов распалась из-за деятельности Ост-Индской компании, но историки предполагают, что она не сделала ничего, чтобы предотвратить конец империи в 1700 году. Для того чтобы подчинить себе почти весь Индийский субконтинент, ИИК потребовалось 130 лет. В этот период компания прошла через разногласия и раскол, за которым последовало объединение в Объединенную Ост-Индскую компанию, а затем в Британскую Ост-Индскую компанию (BEIC).

Одним из самых важных уроков, которые Ост-Индия получила от банкиров, была концепция дробного резервного банковского дела, как это практиковалось в Европе и США. Он был введен в Англии в 1625 году. Индийцы смогли получить доступ к секретам банковского дела в Индии и отправить обратно в Лондон самые полные сведения о том, как эта система работала на протяжении веков в Индии и как ее скопировали вавилоняне.

Вместе с ростом могущественной компании появились семьи "300", включая Черчиллей, Расселов, Монтегю, Бентамов, Томаса Папийона и Бедфордов. В Соединенных Штатах процветание от ИИК и ее торговли опиумом из Индии получили семьи Делано, Меллон, Хэндисайд-Перкинс, Рассел и Колин Кэмпбелл.

Одним из самых важных членов Ост-Индской компании был Джереми Бентам, "кингмейкер" Ост-Индской компании. Бентам был лидером дофабианских *философских радикалов* и первым человеком, открыто выступившим за единое мировое правительство. Его идеи были сформулированы в том, что сейчас называется "философией утилитаризма".

Бентам руководил Британской Ост-Индской компанией с 1782 года. Оуэн отправился в США, чтобы основать социализм в Нью-Хармони на реке Вабаш. Слово "социализм" как политическое кредо, по-видимому, впервые было использовано в этом смысле в 1830 году.

Роберт Оуэн сыграл важную роль в эволюции американской политики. Вместе с Фрэнсисом Райтом они путешествовали по Соединенным Штатам, проповедуя свободную любовь, атеизм, отмену рабства (в сотрудничестве с "Секретной шестеркой") и основали, вероятно, первое социалистическое учреждение - *Рабочую партию* в Нью-Йорке в 1829 году. Читателю важно понять, что миссия Оуэна заключалась в реализации программы "300" для Соединенных Штатов:

> ➤ Установление социализма как предшественника коммунизма.

> ➤ Разрушают семью как единое целое, проповедуя "равные права" для женщин и вызывая разлад между членами семьи.

> ➤ Создание "школ-интернатов" для разлучения детей с родителями на длительные периоды.

> ➤ Сделать "свободную любовь" общепринятой нормой с абортом, "избавиться от неудобства", если это необходимо.

> ➤ Создать движение, которое будет добиваться слияния рас в единое мировое население.

> ➤ Тайно и подпольно создать Люциферианское общество. Позже профессор Арнольд Тойнби станет главой этого очень тайного общества, как в Англии, так и в Соединенных Штатах.

Оуэну не нравились конституции США и штатов, и он работал с сыном Джона Куинси Адама, Чарльзом Фрэнсисом Адамсом, над созданием предтечи Федеральной межгосударственной торговой комиссии.

В 1808 году Джеймс Милль познакомился с Джереми Бентамом, и они стали близкими друзьями. В 1811 году он стал сотрудничать с Робертом Оуэном. В 1819 году Миллс был принят в секретариат Ост-Индской компании.

Значение этого назначения не следует упускать из виду. Уже тогда британская Ост-Индская компания контролировала практически весь Индийский субконтинент и играла ведущую роль в высокодоходной торговле опиумом в Китае, используя опиум из мака, выращиваемого на плодородных полях долины Ганга и Бенареса. Прибыль была ошеломляющей даже по сегодняшним меркам, а стоимость продукта была ничтожно мала.

Позже Миллса повысили до главы Секретариата, и таким образом он оказался во главе огромной империи, политической, судебной и финансовой, с огромными суммами денег, которыми нужно было управлять. Он возглавлял *"суд директоров"* - ведущих людей, которые определяли политику, влиявшую в то время на весь мир, включая США и Россию. Его экономические теории нашли поддержку во многих кругах, в первую очередь у Давида Рикардо, который сформулировал *теорию ренты*, ставшую стандартной марксистской доктриной. Его сын, Джон Стюарт Милль, сменил его на посту главы секретариата, который он занимал до тех пор, пока британское правительство не взяло на себя политическую сторону деятельности компании, которая официально стала Британской Ост-Индской компанией (BEIC).

В 1859 году БИК достиг вершины своей огромной власти, следуя политике Джона Стюарта Милля о том, что для прочной стабильности необходима абсолютная власть в руках мудрейших. Сила и мудрость совпадают, такова доктрина Ост-Индской компании - и философских радикалов тоже.

Начиная с 1859 года, Британская Восточная Индия контролировала британское правительство и оказывала большое влияние на мировые дела. Соединенные Штаты были его постоянной заботой, поскольку размеры и разнообразие страны затрудняли контроль над ней. Фактически, можно было видеть, что БЭИК взяла под контроль все аспекты жизни в стране. В то время как философские радикалы смогли добиться многого из задуманного Ост-Индской компанией, Соединенные Штаты представляли собой более сложную задачу, в основном из-за конституций штатов и федеральной конституции.

Как я уже часто говорил, нас ввели в заблуждение, считая, что проблема, о которой я говорю, началась в Москве, тогда как на самом деле она началась на радикальной левой стороне, среди гуситов и анабаптистов, многие из лидеров которых иммигрировали в Соединенные Штаты. Американцам промыли мозги, заставив думать, что коммунизм - это самая большая опасность, с которой мы сталкиваемся. Это просто не так. Самая большая опасность исходит от массы предателей в нашей среде. Наша Конституция предупреждает нас о том, что мы должны остерегаться врага в пределах наших границ.

Эти враги - слуги Комитета 300, занимающие высокие посты в нашей правительственной структуре. Именно в Соединенных Штатах мы должны начать нашу борьбу, чтобы повернуть вспять волну, которая угрожает поглотить нас, и мы должны встретить и победить этих предателей в наших национальных воротах. Но это сложная задача. Сторонники единого мирового правительства и нового мирового порядка свели американский народ к народу, обусловленному словами. Американский народ стал нацией обусловленных и индоктринированных людей, которые, в отличие от своих предков, готовы и желают принять "авторитет".

Мы наблюдаем рост необольшевистских элементов, внедренных в Республиканскую партию, якобы консервативную партию. Но под руководством президента Джорджа Буша, кандидата на пост, выбранного "300", мы стали свидетелями того, как Соединенные Штаты превратились в воинственную державу, пытающуюся навязать миру волю "300". Римский клуб создал 25-летнюю войну в Сальвадоре как часть большого плана, разработанного Эллиотом Абрамсом из Госдепартамента США.

Если бы у нас в Соединенных Штатах страной управляли государственные деятели, а не политики, все было бы совсем по-другому. Вместо этого мы имеем агентов Тавистока, таких как Бернард Левин, пишущих тавистокские статьи по кондиционированию сознания, которые продаются как философия в публикациях Римского клуба о том, как сломить моральный дух наций и отдельных лидеров.

Вот выдержка из одной из статей Левина:

> *Одним из основных приемов разрушения морального духа с помощью стратегии террора является именно эта тактика: держать человека в неведении относительно его положения и того, чего ему следует ожидать.*
>
> *Более того, если частые колебания между жесткими дисциплинарными мерами и обещаниями хорошего обращения, а также распространение противоречивых новостей делают структуру ситуации неясной, человек может перестать понимать, приведет ли его тот или иной план к цели или отдалит от нее. В таких условиях даже люди, которые имеют четкие цели и готовы рисковать, оказываются парализованными из-за серьезного внутреннего конфликта, с которым они сталкиваются.*

Этот план Римского клуба относится как к странам, так и к отдельным людям, и особенно к государственным лидерам этих стран. Мы в Соединенных Штатах не должны думать: "О, это Америка, и такие вещи здесь не происходят". Позвольте заверить вас, что в Соединенных Штатах они происходят - возможно, чаще, чем в любой другой стране.

То, как бывший президент Ричард Никсон был вынужден покинуть свой пост, типично для методологии Левина. Если бы Никсон не был деморализован и дезориентирован, и если бы он держался, ему никогда бы не объявили импичмент. План Левина и Римского клуба направлен на то, чтобы деморализовать всех нас, чтобы в конечном итоге мы думали, что должны следовать тому, что нам предлагают. Мы будем выполнять приказы Римского клуба, как овцы. К любому очевидно сильному лидеру, который внезапно появляется, чтобы "спасти" нацию, следует относиться с величайшим подозрением.

Соединенные Штаты духовно и морально обанкротились, наша промышленная база разрушена, в результате чего 40 миллионов человек остались без работы, наши крупные города превратились в отвратительные отстойники всех мыслимых преступлений, количество убийств почти в три раза превышает количество убийств в любой другой стране, 4 миллиона человек остались без крова, коррупция в правительстве достигла эндемических масштабов, кто будет спорить с тем, что Соединенные Штаты готовы рухнуть изнутри в объятия нового мирового правительства темных веков?

Может ли что-то быть более пугающим или опасно зловещим?

Другими членами Римского клуба в США были Уолтер А. Хан из Исследовательской службы Конгресса, Энн Читэм и Дуглас Росс, оба старшие экономисты. Ханн из Исследовательской службы Конгресса, Энн Читэм и Дуглас Росс, оба старшие экономисты. Задача Росса, по его собственным словам, заключалась в том, чтобы "воплотить перспективы Римского клуба в законодательстве, чтобы помочь стране избавиться от иллюзии изобилия". Энн Читэм была директором организации под названием "Клиринговая палата Конгресса для будущего".

Время от времени Римский клуб организует встречи и конференции, которые, поскольку они представлены под безобидными названиями, на первый взгляд не представляют особой угрозы для нашей страны. На этих встречах формируются комитеты действий, перед каждым из которых ставится конкретная задача и конкретная дата, к которой их миссия должна быть выполнена. NAFTA и Всемирное торговое соглашение были двумя такими проектами. Как я уже говорил в 1981 году, мы настроены политически, социально и экономически оставаться запертыми в планах Римского клуба. Все подстроено против американского народа.

Если мы хотим выжить, мы должны сначала сломать удушающий контроль Комитета над нашим правительством. На каждых выборах с тех пор, как Калвин Кулидж баллотировался в Белый дом, Комитету удавалось расставлять своих оперативников на ключевые государственные посты, поэтому неважно, кто получит работу в Белом доме.

Доказательством существования Комитета 300 является то, что меня часто просят предоставить: Вальтер Ратенау, видный социалистический политик и финансовый советник Ротшильдов - и можно представить, насколько влиятельным должен был быть Ратенау - написал статью в Wiener Press, которая опубликовала ее 24 декабря 1921 года.

В статье, которую цитирует *Комитет 300*, Ратенау делает удивительный комментарий:

> *Всего триста человек, каждый из которых знает всех остальных, вершат судьбу Европы. Они выбирают своих преемников из своего круга. В руках этих людей находятся средства для того, чтобы покончить с той формой государства, которую они считают неразумной.*

Ровно через шесть месяцев, 24 июня 1922 года, Ратенау был убит за свою неосмотрительность. Сто лет назад такого не могло быть, но сегодня это произошло и мало комментируется. Мы поддались долгосрочной войне проникновения, которую ведет против нашей нации Тавистон. Подобно немецкой нации, потерпевшей поражение в результате инициативы по бомбардировке страховой компании Prudential, достаточное количество нас поддалось, чтобы сделать эту нацию таким тоталитарным режимом прошлого, который мог привидеться им только в мечтах. "Вот, - сказали бы они, - нация, одна из величайших в мире, которая не хочет знать правду". Мы можем обойтись без всех наших пропагандистских агентств. Нам не нужно пытаться скрыть правду от этого народа; он добровольно отверг ее по собственной воле. Эта нация - репульсор".

Это открыто провозглашается на всемирных советах и форумах как конец старой эпохи и начало состояния бытия, которое находится за пределами заговора.

Это мир, провозглашенный Уэллсом, который он назвал *Новой Республикой*. Эта Новая Республика теперь находится за пределами Заговора и управляется специально отобранными американскими контролерами из Комитета 300, над которыми у нас нет никакого контроля.

Глава 16

Война и бумажные деньги

Послевоенная борьба за погашение 550 миллионов долларов в гринбеках, проданных за 250 миллионов долларов в золоте, является частью истории, но выходит за рамки данного расследования. Таким образом, бумажные деньги стали инструментом войны, а тирания вновь закрепилась на американском континенте. Победа 1776 года была обращена вспять.

Возвращаясь к Паттерсону и королю Уильяму, вы, будучи интеллигентными читателями, будете задавать вопросы. Паттерсон, скажете вы, предоставил средства для обращения частично обеспеченных бумажных денег, но кто предоставил реальные товары, необходимые для ведения войны? Это хороший вопрос. Ответ таков: те же люди, которые отказались платить за войну путем повышения прямых налогов, теперь предоставили кредит и оружие с помощью бумажных денег, позволив королю Вильгельму захватить их собственность с помощью уловки, которая в то же время обесценила стоимость их денег. Его подданные не получили реального счета за расходы на войну, которые от них скрывали, но они все равно оплатили расходы на войну.

Именно это происходит каждый раз, когда США вступают в войну. Нам никогда не говорят, сколько стоит война, и поскольку правительство не осмеливается рисковать восстанием, война финансируется за счет косвенных налогов, то есть за счет бумажных денег, необеспеченных бумажных денег, печатаемых во все больших количествах без какого-либо обеспечения. Английский народ также лишен права обсуждать эти вопросы. Это происходит и сегодня, особенно при внедрении пропаганды. В такие моменты, когда пропаганда берет верх, аргументированные дебаты отодвигаются на задний план, а на первый план выходят эмоции. Почти в каждой американской школе и университете преподают, что Америка дважды за последние годы вступала в войну, чтобы сохранить демократию, и потому что свободе Америки угрожала Германия.

Так и не было объяснено, как нация с населением всего 95 миллионов человек, демографически ограниченная и с небольшим количеством природных ресурсов, может надеяться достичь своих так называемых целей.

Видимо, желающих задать этот вопрос было недостаточно. Америка стала жертвой ловкой пропаганды со стороны аналитических центров Королевского института международных отношений и Тавистокского института.

Германия не была агрессором ни в Первой, ни во Второй мировой войне. Протестую, были созданы договоры, такие как договор между Великобританией и Чехословакией, чтобы гарантировать, что война состоится.

В случае с Америкой войну обеспечил инцидент с "Лузитанией", в котором обвинили Германию. А в случае Второй мировой войны это был Перл-Харбор. Удивительно, что заговорщикам сошла с рук такая откровенная пропаганда, но во Вьетнаме мы видели и не такое. Поэтому, наверное, не так уж сложно понять, как США поддались массированной пропаганде, которая втянула страну в две мировые войны.

Мы видели, как то же самое происходило в Корее и Вьетнаме; и это происходит сейчас, на наших глазах, в Центральной Америке, на Балканах, в Африке и на Ближнем Востоке, включая Ирак. После Гражданской войны агенты Ротшильдов, которые также были агентами черной аристократии, усердно пытались создать центральный банк в Соединенных Штатах. Они не собирались позволить такому патриоту, как Эндрю Джексон, встать на их пути. Для общественности незадолго до 1905 года этот вопрос был непонятным, потому что его не понимали, и люди не понимали, что он окажет глубокое влияние на каждую живую душу в Америке, если агенты Ротшильдов добьются своего.

В 1905 году Дж. П. Морган спланировал небольшую депрессию в американской экономике, чтобы народ потребовал защиты от любой будущей депрессии путем создания Центрального банка, который, по словам Моргана, был необходим для защиты "ничтожного народа" от депрессий. Дж. П. Морган, фискальный агент нескольких европейских стран, факт, раскрытый великим Луисом Т. Макфадденом, затем спровоцировал запланированную им депрессию в 1907 году и в панике заставил народ требовать создания Центрального банка для их защиты. Депрессии вызываются с единственной целью - передать незаработанное богатство от людей, которые его создали, паразитической банковской аристократии, которая его не зарабатывала.

Законопроект Олдрича был первоначально отклонен, так как общественность посчитала, что Олдрич слишком сильно залез в карман Бельмонта. Но авторы законопроекта упорствовали до тех пор, пока не добились успеха. С потерей свободы, которую принес новый Федеральный резервный банк, была создана почва для резкого увеличения предложения бумажных денег, но не за счет дробного резервирования или обычного коммерческого кредитования - это было слишком медленно, а за счет средств, позволяющих Америке вступить в войну, которая началась в 1914 году. Хотя общественность так и не поняла, чем занимались банкиры, некоторые члены Конгресса поняли, и они напали на Моргана и Варбурга. Такие люди, как конгрессмены ЛаФоллетт и Ландин, включили Рокфеллера в свою критику.

Об этом говорится в *протоколе Конгресса*, том 55, страницы 365-372, 5 апреля 1917 года:

> *В 1917 году Морган начал выдавать огромные кредиты,*

которые, по его мнению, будут обеспечены вступлением Америки в войну в течение двух лет (он оказался прав в своих расчетах). Морган был окружен поклонниками из числа аристократов и феодальных семей Европы и Америки. Одним из таких людей был Герберт Кроули, истинный поклонник средневековой аристократии. Морган знал силу прессы и использовал ее как свою личную пропагандистскую машину для создания истеричной антигерманской атмосферы. По словам члена парламента Каллоуэя, Морган установил контроль над самыми влиятельными газетами, купив их за необеспеченные облигационные бумаги. Он укомплектовал их 12 своими сотрудниками, которые были больше заинтересованы в том, чтобы вредить Америке, чем служить ей. Затем эти влиятельные газеты стали не более чем фабриками пропаганды. Разумные дебаты прекратились. Истерия сменила его; маленькое движение за мир было подавлено.

Американская революция изменила все это. Она направила враждебность народа на правильную цель - аристократов - и разрушила их власть над страной. К сожалению, те же колонисты, или я должен сказать их потомки, не видели так же ясно рабство, стоящее за Федеральной резервной системой; для них это был неясный вопрос, и поэтому то, что было выиграно в 1776 году, было проиграно по умолчанию в 1913 году. Тайная аристократия, о которой предупреждал Джефферсон, наложила свое ярмо рабства на американский народ, приняв Закон о Федеральной резервной системе от 1913 года. Дата была выбрана не случайно: она как раз совпадала с расписанием военного времени, которое было объявлено в 1914 году. Без бумажных денег, "созданных" центральным банком, не было бы мировой войны.

Скрытая аристократия живет за счет эксплуатации производителей реального богатства, народа, и за счет перевода богатства, произведенного рабочими, на себя с помощью различных ухищрений, таким образом, фактически живя как паразиты на народе. На самом деле это почти та же система, которую использовала открытая аристократия Темных веков, когда феодалы привязывали крестьян к земле, чтобы украсть плоды их труда, а также силой забирали их жен, поскольку рассматривали жизнь крестьян как дешевую и пригодную для эксплуатации, не более чем собственность. Аристократы Америки также считают жизнь людей дешевой. Разве миллионы наших мужчин не отдали свои жизни, сражаясь в двух мировых войнах? Разница лишь в том, что наши феодалы, Маршаллы, Гарриманы, Меллоны, Филды, Пратты, Стиллманы, Олдричи, Рокфеллеры, Кабот Лоджи, Гуггенхаймеры, Кун Лёбы, Морганы, Варбурги и т.д., являются скрытыми аристократами, в то время как их европейские коллеги - открытые аристократы. Это не относится к Советскому Союзу, где аристократы, управлявшие страной, на самом деле были скрытыми аристократами, даже если они называли себя Политбюро, коммунистами и т.д.

Открытая аристократия - это публично объявленное государство, а тайная аристократия действует подпольно, именно так сегодня, в 2007 году, управляется большая часть мира.

Истинной демократии не существует, поскольку большинству людей в мире, включая Америку, не позволено оставлять себе плоды своего труда. Им отказывают в ней различными недемократическими методами, а затем передают в подполье или открытой аристократии.

Чтобы быть аристократом, нужно большое богатство, которое нужно заработать, ибо паразит никогда не работает. И бумажные деньги оказались благом для этого класса, поскольку они позволяют постоянно передавать богатство, заработанное народом. Когда ситуация ухудшается, создаются войны, чтобы ускорить процесс передачи. Так, не обращая внимания на причиняемые ими страдания, благородные лорды Америки отправили миллионы американцев на смерть в двух мировых войнах не только для того, чтобы обогатиться и укрепить свою власть, но и чтобы избавиться от того, что они считали избытком населения.

Если бы тогдашнее правительство было вынуждено прибегнуть к резкому увеличению прямых налогов для оплаты войны, то рвение к войне было бы немедленно сдержано. Но с механизмом, предоставленным Федеральной резервной системой, не было необходимости говорить людям, что их ведут к катастрофе. Энтузиазм к войне подогревался хорошо подготовленными экспертами из Королевского института международных отношений и Тавистока, присланными для выполнения этой работы. Против таких организаций у населения не было никакой защиты. Любой национальный лидер, например, Чарльз Линдберг, который видел всю эту грязную историю, был немедленно нейтрализован; его смелость стоила ему похищения и смерти его грудного сына.

Когда начинается истерия войны, люди теряют всякий разум. Способность обсуждать вопросы теряется в потоке индуцированного патриотизма, вопросы решаются на основе эмоций, а принципы свободы и справедливости отбрасываются ради мнимого блага нации.

Патриотические песни, размахивание флагами и военная музыка заменяют собой осторожность и рассудительность. Если бы было возможно привлечь внимание населения в период нагнетаемой коллективной истерии по поводу войны, то теоретически мы могли бы бить в большой барабан о скрытой стоимости войны, снять дымовую завесу с бумажных денег и указать на то, что власть обесценивать нашу валюту в интересах немногих принадлежит тем самым людям, которые агитируют за войну. Мы могли бы объяснить, что цель войны - обогащение аристократов, укрепившихся в своей позиции абсолютной власти. Мы могли бы даже показать, что война идет не на благо нации, и что банкиры не обладают монополией на патриотизм.

Возможно, мы даже сможем объяснить связь между бумажными деньгами и войнами, от которых банкиры получают огромные прибыли. Мы могли бы доказать, что, объединяя богатство в своих руках, аристократы на самом деле являются врагами свободы, а не ее защитниками, и что они так же плохи, если не хуже коммунистов, поскольку богатство, которое они объединили для себя, никогда не капитализируется для производства большего богатства на благо нации. С этой точки зрения мы могли бы доказать, что народ просят вступить в войну в защиту нехристианского принципа - ложного капитализма. Правильным принципом для нашего республиканства является христианский капитализм, который не имеет ничего общего с социализмом.

Мое послание сильно отличается от отвратительной какофонии шипения, гоготания и криков, которые каждый вечер выдаются за "новости" на экранах телевизоров. Мы, народ, больше не суверенны, потому что мы позволили нашим представителям в Конгрессе уступить наш суверенитет в 1913 году группе безликих людей, которые враждуют с нашей Республикой; людей, которые видят в нас расходный материал для крестьян. Неудивительно, что Осия сказал, что мы погибаем от недостатка знаний. Наш народ не знал, что такое Федеральная резервная система в 1913 году, и большинство из нас не знает этого и сегодня.

Очевидно, что победа колонистов в 1776 году была сведена на нет распространением огромного количества частично или полностью необеспеченных бумажных денег, которых существует три вида:

➢ Банкир имеет право выпустить больше бумаги, чем у него есть золота или другого реального богатства, чтобы полностью ее подкрепить.

➢ Где центральные банки ссужают золото мелким банкам во время кризиса.

➢ Законное платежное средство, которое отменяет золотую шкалу измерения (шкала обеспечивает честность людей и государств) и заменяет ее законным платежным средством - бумагой, которая ничем не подкреплена, даже обещанием оплаты реальными деньгами. Это не деньги, но правительство говорит, что мы должны принимать их как деньги, и мы их принимаем! Если бы мы перестали принимать бумажные деньги, то невозможно было бы начинать войны без новых больших налогов.

> Распространение бумажных денег происходит потому, что они основаны не на фиксированной базе, как золото, а на постоянно расширяющейся базе бумажных денег, настоящем бумажном шаре. Вообще говоря, все эти методы использовались для финансирования войн в прошлом, и чем больше распространялся шар, тем дольше длились войны. И наоборот, как только страна возвращалась к валюте, обеспеченной золотом или металлом, войны быстро заканчивались. Деньги - отличное лекарство от войны! Отсутствие реальных денег означает отсутствие войны без огромного прямого налога, взимаемого под угрозой восстания.

Некоторое время Америка была действительно свободной благодаря гению Томаса Джефферсона, который видел, как мир вступил в период рабства под прикрытием аристократии. Он понимал роль бумажных денег и понимал предполагаемую роль центральных банков. Он знал, что бумажные деньги - это лицензия на воровство, и что центральный банк - это всего лишь механизм, с помощью которого эта лицензия выдается и грубо расширяется. Он также знал, что необеспеченные бумажные деньги - это синоним рабства.

Когда вы грабите человека, а он бессилен что-либо сделать, это и есть рабство! Джефферсон видел, что предложения аристократов о создании центрального банка были повторением контроля дворян над крестьянами в темные века.

Президент Эндрю Джексон продолжил ожесточенную борьбу за отмену центрального банка, что ему удалось сделать, несмотря на все препятствия. Америка вступила в период быстрого экономического роста, доказав правоту Джефферсона и Джексона. Американская нация была освобождена от ига паразита; она могла производить столько реального богатства, сколько позволяли ее таланты, но, что более важно, ей было позволено оставлять себе плоды своего труда. Все изменилось с принятием закона о Федеральной резервной системе. И я хочу, чтобы вы помнили, что Федеральная резервная система начала свою деятельность с нуля в 1914 году, не имея ни копейки, и, тем не менее, к 1939 году, например, система получила прибыль в размере $23 141 456 197. Ни одного пенни не досталось народному правительству, которое не владеет ни одной акцией банка! (Цифры взяты из *отчета Конгресса*, 19 мая 1939 года, страница 8896).

Аристократам был открыт путь для кражи плодов нашего труда, точно так же, как они крали плоды труда крестьян в Европе в Средние века. В Первой и Второй мировых войнах американские солдаты были отправлены в Европу и Тихоокеанский регион для участия в кровопролитных войнах, чтобы сохранить кредиты банкиров и увековечить систему рабства, навязанную Законом о Федеральной резервной системе от 1913 года.

Джефферсон объяснил, что мы как нация сталкиваемся с двумя врагами: врагом внешним и врагом внутренним. И Джефферсон, и Линкольн утверждали, что враг внутри представляет самую большую опасность для нашей Республики и нашей свободы. Пока внимание Америки направлено на более заметную из них, которая сегодня является так называемый "глобальный террор", аристократы становятся еще сильнее и еще могущественнее, пока в 2007 году именно тайная аристократия не представляет страшную опасность для нашего существования как нации, основанной на республиканских идеалах свободы. И путь к этому всегда лежит через бумажные деньги.

Помните, что Морган и его мини-депрессия 1907 года сопровождались тизерным лозунгом, что маленькие люди больше никогда не столкнутся с банковскими крахами, если только правительство согласится создать Центральный банк? Давайте посмотрим, что произошло с тех пор.

Статистика показывает, что с момента создания центрального банка в этой стране в 1913 году потерпело крах больше банков, чем за все время нашей истории! Хуже того, с тех пор мы стали обязанными, потому что каждый из нас должен проценты, а когда мы должны проценты, мы обязаны, а кто такой обязанный человек, как не раб, конечно!

Что делает рабство возможным? Это, конечно же, бумажные деньги!

В ответ аристократия создает большие бюджетные дефициты, которые будут увеличиваться, увеличивая тем самым предложение необеспеченных бумажных денег, чтобы несколько человек могли стать богаче за счет народа. Когда были раскрыты огромные перерасходы по проекту ракеты Minuteman, компания Lockheed получила крупный правительственный грант, который поступил как раз вовремя, чтобы оплатить огромный судебный счет, который ей пришлось оплатить после разоблачения Фицджеральда.

Это пример врага внутри. Нам не нужно бояться дальнего врага так сильно, как внутреннего. При необходимости нация может в короткие сроки собрать свои огромные ресурсы и победить любого внешнего врага. Мы продемонстрировали свою способность сделать это во Второй мировой войне; только история покажет, что мы сражались не с тем врагом! Какова же истинная цель войн, в которых участвуют Соединенные Штаты?

Была ли это защита от примитивного полудикого народа и его слабой культуры, таких, как, например, вьетнамцы? Нет, это было сделано, чтобы отвлечь наше внимание от реального врага, паразитов, заражающих наше национальное тело, точно так же, как феодалы отвлекали и отвергали враждебность вовне, от себя, в сторону воображаемой опасности. Римская империя всегда разжигала внешние войны с той же целью.

Географически Америка находится в относительной безопасности от вторжения, и у нас есть технологии, чтобы защитить себя от всего, что может быть у врага. Но что произошло? Аристократы, действуя через своих наемников, таких как Роберт Макнамара, заставили нас отказаться от нашей лучшей защиты от МБР. Да, мы отказались от нашего щита.

Макнамара, наемник из аристократов, после многолетних колебаний и противодействия этой идее, отказался потратить деньги, выделенные Конгрессом, на наше лучшее оружие с пучком частиц, которое можно было бы разместить в космосе, откуда оно смогло бы взорвать все вражеские ракеты, нацеленные на Соединенные Штаты, прежде чем они достигнут своей цели!

Можно подумать, что возникнет ажиотаж по поводу установки такой защиты. Вместо этого те же самые люди во главе с тем же самым Макнамарой поехали по стране, проповедуя хор ненависти против лучевого оружия! А СМИ объявили это оружие так называемым "футуристическим", как будто это преступление! *Newsweek*, рупор внутреннего врага, называет лучевое оружие "звездными войнами"! Возьмем еще одного из наемников аристократии. Генри Киссинджер.

Киссинджер покинул свой пост много лет назад, но он по-прежнему тайно руководит внешней политикой страны. Журнал *Time* сообщает, что он является влиятельным посетителем Белого дома. Киссинджер говорит, что является большим поклонником князя Меттерниха. Поскольку история Австрии не является популярным предметом в наших школах, немногие американцы знают, за что он выступал. Меттерних был премьер-министром Австрии в XIX веке, преданным учеником феодализма. Именно против этого авторитарного тирана президент Монро направил свою знаменитую доктрину Монро.

Роберт МакКензи в своей книге *"The 19th Century; A History"* так говорит о Меттернихе

> *Его (императора Франциска Австрийского) теории управления были свободны не только от вмешательства народа, но и от народной критики. Он не допускал свободы мысли и слова; он держал свой народ в покорности, полагая, что это делается для его же блага.*
>
> *Он ввел строгую цензуру на прессу и тщательную проверку всей печатной продукции из-за рубежа, чтобы иностранные агитаторы не нарушали счастливое спокойствие, которое должно было породить отсутствие мысли. Он поддерживал тщательно разветвленную систему тайной полиции, с помощью которой его вовремя предупредили бы, если бы, по несчастью, зараза либерализма достигла его народа.*
>
> *Во всех мерах, которые он принимал для подавления интеллекта своего народа и сохранения безупречной невежественной преданности, без которой, по его мнению, правительство невозможно, его умело поддерживал его проницательный и беспринципный министр, князь Меттерних; среди людей никогда не существовало более абсолютного деспотизма, чем тот, который сохранялся до конца жизни императора.*

Теперь вы знаете, что Киссинджер сделает с нами, если когда-нибудь получит абсолютную власть над этой страной. Именно Киссинджер наплевал на доктрину Монро и топтал могилу Монро копытами. Я имею в виду позорное пятно на страницах нашей американской истории - Фолклендскую войну, когда мы встали на сторону английской королевы в ее войне против Аргентины.

Мы предали Джефферсона, Джексона и Монро. Мы запятнали свою собственную историю и политические традиции, нарушив Договор Рио, который мы подписали и который обязывал нас дать отпор всем нападающим, которые осмелятся войти в это полушарие. Мы показали всему миру, что мы ненадежный союзник, которому нельзя доверять, чтобы он выполнял свои письменные обязательства - и мы сделали это снова, развязав войну в Персидском заливе и уничтожив Сербию! Откуда взялись деньги на оплату этих позорных авантюр? Она появилась благодаря печатному станку, чтобы печатать деньги из воздуха!

Противодействие войне - дело трудное, одинокое и зачастую опасное. Когда возникает военная истерия, банкиры начинают кричать о своем патриотизме. Любой, кто не присоединяется к призывам к войне, получает клеймо "непатриота". Я не говорю о том небольшом элементе, который выступает против войны по неправильным причинам, о людях, которые следуют за Джейн Фондой, использовавшей войну во Вьетнаме для продвижения социализма; их можно отбросить с презрением, которого они заслуживают. Я говорю о действительно патриотичных мужчинах и женщинах, которые изучат истинные мотивы войны и обнаружат, что она является не более чем средством обеспечения кредитов для банкиров и обогащения аристократии.

Конечно, было несколько случаев, когда война велась за настоящую свободу, как в случае американской войны за независимость и Бурской войны в Южной Африке, но это редкость. Лучший способ победить планы, которые сейчас разрабатываются для следующей войны, - это постепенно отказаться от необеспеченных бумажных денег и вернуться к золотой валюте, основанной на золоте по цене 700 долларов за унцию. Тогда нам действительно нужно сбалансировать бюджет. Несмотря на громкие крики конгрессменов обеих партий, банкиры не заинтересованы в том, чтобы это произошло. Они используют своих наемников, чтобы поднять шум о сбалансированном бюджете, но все это блеф и притворство.

Если бы мы устранили дефицит, сбалансировав бюджет, это

привело бы к резкому росту процентных ставок. Создатели реального богатства, мы, люди, больше не могли эксплуатироваться так легко, поскольку правительство не могло так часто обращаться к печатному станку, чтобы получить необходимые деньги. Вместо этого правительству пришлось бы обращаться к тому же рынку, что и предприятиям, чтобы занять деньги, что на некоторое время привело бы к исчезновению процентных ставок. Уолл-стрит не скоро оправится от такого громового удара.

Пустая риторика, используемая политиками для набора голосов, чтобы остаться у власти, сменилась бы немедленными действиями. На правительство будет оказано сильное давление, чтобы оно поторопилось сбалансировать бюджет, чтобы отпала необходимость в заимствованиях. Расточительная военная неэффективность будет остановлена. Вместо того, чтобы быть очерненными, те, кто выступает против этого, были бы названы героями! Мы должны соблюдать Конституцию, чтобы остановить необъявленные войны, которые не отвечают нашим интересам. Больше никаких необъявленных войн, таких как Корея, Вьетнам, Югославия и войны в Персидском заливе. Если нам когда-нибудь придется бороться за сохранение нашей свободы, правительство должно поставить этот вопрос перед народом без пропаганды.

Мы должны обсудить все вопросы и решить, какой курс действий предпринять, и если это война, то пусть она называется войной, а не резолюцией по Тонкинскому заливу. Теперь, когда мы стали империей, давайте называть нашу армию своим именем - военное министерство, а не министерство обороны! Кроме того, в это время правительство должно сообщить народу, как будут покрываться расходы на войну. Больше никаких войн с помощью бумажных денег. Это должно закончиться! Больше никаких уловок, чтобы вовлечь нас в войны для получения прибыли банкирами! Больше никаких войн в Персидском заливе. Давайте выйдем за рамки заговора.

Например, когда американские войска впервые вошли во Вьетнам без приглашения, это было сделано под предлогом, что они собираются помочь в ликвидации последствий наводнения. Они остались, и началась война. Война должна быть признана по определению Клаузевица: "Война - это продолжение политики другими средствами".

Вьетнам скрывался и обманывал в больших масштабах, без официального объявления войны. Киссинджер продлил его, когда считалось, что он может закончиться слишком быстро. Киссинджер затягивал парижские "мирные" переговоры, сваливая вину за задержку на вьетнамцев.

Это позволило банкирам сделать его выгодным с точки зрения прибыли. Из-за этой задержки в мясорубке погибло больше наших людей; казалось, это не имело значения.

Войны приносят огромные прибыли банкирам. Ротшильд заработал на Гражданской войне 4 миллиарда долларов. Никто не знает, сколько было произведено в результате двух мировых войн, Кореи и Вьетнама. Что точно известно, так это то, что следующая война планируется уже сейчас (правительство занимается этим, иначе зачем говорить о военной службе?). Банкиры с обеих сторон не намерены уничтожать активы друг друга. Во время обеих мировых войн существовало неписаное соглашение не бомбить заводы по производству боеприпасов по той же причине.

Следующая война будет еще одной войной "наполовину и наполовину". Если у вас есть какие-то сомнения на этот счет, посмотрите, что уже происходит на Ближнем Востоке. Если Соединенные Штаты собираются участвовать в войне на Ближнем Востоке, то президент должен показать народу этой страны, какие именно правовые основания у нас есть для вступления в войну. Он также должен сказать нам, сколько это будет стоить и как мы будем за это платить. Тогда Конгресс должен объявить войну и направить туда наши войска с целью выиграть войну как можно скорее.

Существует доказанная связь между бумажными деньгами и каждой войной, начиная с 1694 года. Возьмем период с 1915 по 1917 год, когда мы наблюдали огромный рост предложения бумажных денег в сочетании с резким падением их покупательной способности. Война организуется не для общего блага, за исключением войны 1776 года, а в интересах тех, кто пишет законы и получает прибыль, и если убрать огромные преимущества, которыми пользуются аристократы благодаря войнам с бумажными деньгами, то внезапно появится мало причин для ведения войны, более того, она станет непопулярной.

Эндрю Джексон противостоял черной знати, банкирам Европы и Америки, и победил их. Он крепко держался Конституции и опрокинул столы менял, как это сделал Христос до него. Он не боялся Верховного суда.

Когда судья Маршалл вынес неконституционное решение, Джексон сказал: *"Маршалл принял свое решение, теперь пусть приведет его в исполнение"*. Джексон признал, что Верховный суд не выше Конституции, и что мы, народ, единственные, кто может обеспечить соблюдение Конституции. Позже Маршалл, увидев ошибочность своих действий, пришел к такому же выводу. Без бумажных денег Америка не вступила бы ни в одну из мировых войн. У нас не было причин вмешиваться.

Так сказал Сенат. После тщательного расследования причин Первой мировой войны она опубликовала документ 346, из которого я цитирую:

> *Их ответственность лежит исключительно на плечах международных банкиров. Именно на их головах лежит кровь миллионов умирающих людей.*

В этой войне погибло около 12 миллионов человек. Комитет Ная и Комитет Сиссона не нашли ни одной веской причины, по которой мы должны были послать нашу армию в Европу в 1917 году. Англичане никогда не были известны как агрессивная или воинственная нация, пока Банк Англии не ввел использование необеспеченных бумажных денег. Затем Англия вела одну войну за другой и стала "гамеком" Европы, о чем свидетельствует следующий список:

- ➢ 1689-1697 Война короля Вильгельма
- ➢ 1702-1713 Война королевы Анны
- ➢ 1739-1742 Война за ухо Дженкинса
- ➢ 1744-1748 Война короля Георга
- ➢ 1754-1763 Французская и индейская война
- ➢ 1775-1783 Американская революция
- ➢ 1793-1801 Война против революционной Франции
- ➢ 1803-1815 Наполеоновские войны

Единственной войной, в которой Англия не победила, была Американская революция, и это может помочь объяснить, почему аристократы были так потрясены поражением от американских колонистов после столь долгого успеха.

Англия находилась в состоянии войны 126 лет, с 1689 по 1815 год, и хотя верно, что все это время она не была на поле боя, мы можем считать ее находящейся в состоянии войны, поскольку в промежуточные годы, когда армия не была на поле боя, она готовилась к войне.

Точно так же Америка не была агрессивной нацией, пока не появились бумажные деньги, затем мы дважды вступали в войну и участвовали в двух войнах, в которых у нас не было причин участвовать. Мы дважды нападали на Германию без провокаций.

В сенатском *докладе Ная*, опубликованном в 1934 году, говорилось, что у Америки не было абсолютно никаких причин вступать в войну в 1917 году. С тех пор Дэвид Рокфеллер добился того, чтобы ни один подобный доклад о Второй мировой войне и участии в ней США не был опубликован. В одном из документов CFR, который Рокфеллер заказал сразу после окончания военных действий в 1945 году, говорится, что CFR не хотел видеть никакого обсуждения причин вступления в войну во второй раз в Европе, как это было после Первой мировой войны. Она заказала 3-томную историю Второй мировой войны, чтобы заставить замолчать историков, которые могли бы попытаться раскрыть то, что произошло на самом деле. Есть только один метод, с помощью которого аристократы могут заставить народы снова начать войну за них, и это использование необеспеченной фиатной валюты, такой, какую мы имеем в банкнотах Федерального резерва, выдаваемых за "доллары", и которую я постарался показать вам как инструмент тирании. Мы должны удвоить наши усилия, чтобы вернуть свободу, принесенную на этот континент американцами в 1776 году.

Сегодня, в 2007 году, мы не наслаждаемся свободой. Как хранители традиций, мы должны делать все возможное для просвещения наших соотечественников, чтобы наш рабский статус был понятен как можно большему числу из них. Если потребуется, мы должны без колебаний пробудить дух 1776 года. Это наше конституционное право - принуждать к изменениям в правительстве, когда мы, народ, недовольны. Америка - последний бастион свободы, но наша свобода стремительно разъедается внутренними врагами, и если мы, народ, считаем, что Америку стоит спасти, то мы имеем право и обязаны предпринять шаги, необходимые для исправления того, что нам не нравится. Не посылайте своих сыновей и дочерей на еще одну войну, ставшую возможной благодаря бумажным деньгам! Давайте примем решение подняться над этим великим заговором, разоблачив его как гигантское мошенничество, которым он на самом деле является.

Уже опубликовано

OMNIA VERITAS
OMNIA VERITAS LTD ПРЕДСТАВЛЯЕТ:
ДИКТАТУРА СОЦИАЛИСТИЧЕСКОГО МИРОВОГО ПОРЯДКА
Все эти годы, пока наше внимание было сосредоточено на зле коммунизма в Москве, социалисты в Вашингтоне были заняты тем, что воровали у Америки...
ДЖОН КОЛМАН
"Врага в Вашингтоне нужно бояться больше, чем врага в Москве"

OMNIA VERITAS
OMNIA VERITAS LTD ПРЕДСТАВЛЯЕТ:
ДЖОН КОУЛМАН
ДИПЛОМАТИЯ ПУТЕМ ЛЖИ
ДИПЛОМАТИЯ ПУТЕМ ЛЖИ
РАССКАЗ О ПРЕДАТЕЛЬСКОМ ПОВЕДЕНИИ ПРАВИТЕЛЬСТВ ВЕЛИКОБРИТАНИИ И США
ДЖОН КОЛМАН
История создания Организации Объединенных Наций - это классический случай дипломатии обмана

OMNIA VERITAS
OMNIA VERITAS LTD ПРЕДСТАВЛЯЕТ:
ДЖОН КОУЛМАН
МАСОНСТВО ОТ А ДО Я
МАСОНСТВО
от А до Я
ДЖОН КОЛМАН
В 21 веке масонство стало не столько тайным обществом, сколько "обществом тайн".
В этой книге объясняется, что такое масонство

OMNIA VERITAS
Omnia Veritas Ltd представляет:
Уолл-Стрит И Большевицкая $Революция
Уолл-Стрит И Большевицкая Революция
"Я не собираюсь заставлять кого-либо полагать, что я обнаружил новинку - политики лгут..."
Antony Sutton
Антоний Саттон придерживается конкретной, поддающейся проверке и подтвержденной документации

OMNIA VERITAS
OMNIA VERITAS LTD ПРЕДСТАВЛЯЕТ
СИМФОНИЯ В КРАСНОМ МАЖОРЕ
Ротшильды были не казначеями, а лидерами этого первого тайного коммунизма. Ведь хорошо известно, что Маркс и высшие руководители Первого Интернационала находились под руководством барона Лионеля де Ротшильда...
Важный исторический труд

OMNIA VERITAS
Omnia Veritas Ltd настоящее время:
Моя Борьба
Майн Кампф
Моя Борьба
Майн Кампф
Именно в это время были открыты два опасности для существования немецкого народа глаза мои: марксизм и иудаизм.
Документ исторического интереса